AF509255

ACTES ET AUTORITEZ,

CONCERNANT la Jurisdiction du Recteur, assisté de son Conseil, soit des Doyens des Facultés & des Procureurs des Nations, soit des Procureurs des Nations seulement, où l'on voit l'antiquité de ce Tribunal, & le droit qu'il a toujours eu de connoître de toutes sortes d'affaires, concernant la Discipline & la Police de l'Université, tant en premiere instance, que par appel.

R ECTOR in Universitate primum locum tenet, eligiturque secundùm Statuta cujusque Universitatis Clericus, vel Laïcus, ut totum Corpus gubernet cum *Academico Senatu*, non solùm authoritate, sed etiam *Jurisdictione.*   *Limnæus, tome 2 de la Notice du Royaume de France, liv. 5. chap. 3.*

Universitas Corpus est politicum Studiosorum certis Disciplinarum generibus vacantium; ejusque administratio Aristo-Democratica ad commune bonum Ecclesiastici civilisque status instituta . . . . . Dicimus verò Universitatis administrationem esse Aristo-Democraticam, cùm pendeat partim ab ipsis Civibus, seu Membris, & Suppositis Reipublicæ hujus litterariæ in Comitiis publicis suffragia ferentibus, partim à Delegatis, seu Deputatis, ejusdem Consiliariis, cujusmodi sunt Rector, Decani & Procuratores.   *Hist. Univ. tom. 3. Dissert. 3. de regimine Universitatis Parisiensis, pag. 562.*

Consilium Universitatis . . . . . Primarium, seu Academicum, ex hominibus Academicis constat, penès quos scilicet est administratio intima totius Academiæ. Et tale Consilium *Deputatorum* vulgò dicitur, quia ex Electis, seu Deputatis, trium Facultatum & quatuor Nationum componitur; cui Rector, tanquam Reipublicæ Præfectus & Director, præest.

Rursùs Consilium istud duplex est, Quinque-virale & Octo-virale. Quinque-virale, *Rectoris scilicet & quatuor Procuratorum*, illudque antiquum : quod Facultatum superiorum accessu & consociatione factum est hoc sæculo (*le treiziéme siecle*) Octo-virale. Est autem etiamnum (*en 1666*) hodiè idem quinque-virale in Artium Facultate, quale fuit in antiquâ Universitate. Nam Rector cum Procuratoribus administrat quæ Facultatis Artium sunt, specialemque habet & exercet in omnes Nationales, seu, ut solemus loqui, in omnium Nationum Supposita, Jurisdictionem.   *Ibidem, Dissert. 5. de Consilio & Consiliariis Universitatis, pag. 572.*

Jam agendum de regimine Universitatis. Illud autem idem planè, quod superiore sæculo fuit; nimirùm penès Rectorem, Decanos Facultatum, & Procuratores Nationum. Jurisdictio duplex; una ordinaria penès Rectorem & Procuratores, quam illi certis diebus exercebant : altera extraordinaria, quam, occurrentibus negotiis, pro Universitate exercebant Rector, Decani & Procuratores.   *Hist. Univ. tom. 4. Dissert. de statu Universitatis, pag. 893.*

Regimen Universitatis non aliud hoc sæculo (*le quinziéme*) fuit, quàm duobus ferè superioribus sæculis.

Facultates nulla habent, aut habuerunt hactenùs, communia Comitia, nullum commune Tribunal : habent verò Nationes, quæ dicuntur Comitia Fa-

A

cultatis Artium , si congregentur simul ipsæmet Nationes ; & habent commune Tribunal ejusdem Facultatis, si Rector & quatuor Procuratores judicia exerceant, prout exercere tenentur & semper exercuerunt. *Hist. Univ. tom. 4. de statu Universitatis, pag.* 893.

1310.

Anno 1310 die Veneris post festum B. Martini hyemalis, in congregatione generali apud S. Mathurinum. Statutum Universitatis sub hoc titulo ; *Statutum Universitatis , quòd coram* RECTORE *&* PROCURATORIBUS *, vel* DEPUTATIS UNIVERSITATIS *nullus citetur nisi bis , nisi in causis famam tangentibus, in quibus quater citandus est.* Hist. Univ. tom. 4. pag. 128.

1315.

Anno 1315 *Statutum Universitatis , ut appellantes à* RECTORE *&* PROCURATORIBUS *quinque solidos, &* à DEPUTATIS UNIVERSITATIS *decem illâ die solvere teneantur , alioquin appellatio irrita habeatur.*

Universis præsentes Litteras inspecturis , Universitas Magistrorum & Scholarium Parisius studentium, Salutem in Domino sempiternam. Ad perpetuam rei memoriam. Quia nonnulli in causis motis coram *Rectore & Procuratoribus* Universitatis Parisiensis prædictæ, seu coram *Deputatis* ab eâdem, plus fraudibus, quàm causarum favoribus innitentes, frivolas ad ipsam Universitatem interponere consueverunt appellationes, ut vel saltem ipsis mediantibus jus in causis ipsis omninò pereat, aut saltem in prorogationem hujusmodi frivolarum (appellationum) ipsæ causæ, prout frequentiùs accidit , evanescant ; Statuimus & Ordinamus, ut quicumque de cætero ab ipsis *Rectore & Procuratoribus* ad Universitatem ipsam ex quâcumque causâ coram ipsis motâ appellaverit , primitùs & ante omnia cautionem quinque solidorum Parisiensium D. Rectori , qui pro tempore fuerit , præstet, ut si cadat à causâ ipsâ, procedendo in eâdem , dicto Rectori satisfacere teneatur de eisdem : alioquin in ipsâ causâ procedat ipse Rector , prout sibi visum fuerit expedire , appellatione hujusmodi, tanquam frivolâ , non obstante. Statuimus insuper & ordinamus , quòd quicumque ex nunc in futurum à *Deputatis* ab Universitate prædictâ in aliquâ causâ datis, seu dandis, ad ipsam Universitatem appellaverit, præstitâ eo modo, quo suprà, ab ipso appellante cautione decem solidorum Parisiensium ante omnia in manibus ipsius Rectoris, in ejus appellatione admittatur , seu deferatur eidem appellationi. Et si contingat , dictum appellantem in lite succumbere coram Deputatis, super eâdem sibi dandis , ipsi Rectori de decem solidis satisfaciat antedictis. Si quis autem hujusmodi cautionem modo , quo dictum est, præstare renuerit, procedant ipse Rector & Deputati in ipsâ, prout de jure , dictâ appellatione, tanquam frivolâ , non obstante, ad interloquendum, vel deficiendum , prout status ipsius causæ exigit & requirit , more solito summariè & de plano. Quod omnibus, quorum interest, aut intererit, tenore præsentium significamus. Datum & actum in congregatione nostrâ generali apud S. Mathurinum anno Domini 1315 , die Sabbati ante festum B. Mathæi Apostoli. *Livre-Bleu, sous ce titre ,* Actes tirés des Archives & Registres de l'Université de Paris, pour justifier sa Jurisdiction exercée par ses Députés, *pag.* 1.

1467.

Die 12 Decembris 1467 convenerunt DD. Deputati penès Dominum meum D. Rectorem, illicque Reverendus M. Petrus Pousot exposuit aliqua gravamina, propter quæ appellaverat à Facultate Artium ad D. Rectorem. Dicebat enim Facultatem ipsum privasse à Regentiâ inauditum & indefensum ; atque à duabus tantùm Nationibus fuisse processum ad ejus privationem , ab aliis verò minimè, prout certificavit & probavit in promptu per Registra Procuratorum ; & tamen ipsa Facultas tenebat eum privatum contra justitiam & æquitatem , & subjunxit causam propter quam Facultas Artium eum privare volebat. Habebat enim quemdam Scholarem , cui tradiderat suam schedulam sub hac formâ , *Domine Procurator, certifico vobis talem Scholasticum sub me audivisse tales libros.* Non tamen ille Scholaris audiverat omnes illos libros designatos in schedulâ M. prædicti Petri Pousot, sed partem tantùm , & aliam subalio venerabili Regente qui recesserat . . . . . Ipso ad longum audito, & ad partem retracto, DD. Deputati deliberando consideraverunt , quòd ille Pousot fuit gravatus, eò quòd ipse inauditus, fuit privatus. Consideraverunt insuper ,

3

quòd sæpèdictus Pousot est bonæ famæ, Sacerdos quotidie celebrans ; nec
verisimile est, quòd sit immemor suæ salutis. . . . . . D. Rector ex bene-
placito & deliberatione DD. Deputatorum restituit prædictum M. Pousot in
honorem suum pristinum, & declaravit acta per eum, quantùm ad Regen-
tiam, rata. Et ita conclusit.   *Duboulay, Remarques sur la Jurisdiction du Recteur,*
pag. 119.

Anno 1496, die 15 Martii, convocatâ Universitate . . . . . . D. Rector
Universitatis exposuit & narravit in præsentiâ eorum Religiosorum disturbia
& scandala quæ ipsi Religiosi dictorum Monasteriorum & Ordinum consueti
erant facere & fecerant in ejusmodi Processionibus propter ordinem incedendi :
Quòdque anno præterito fuerant convocati Deputati & quandam Ordinationem super hoc
fecerant, quam de post ipsi Religiosi recusaverant adimplere & intertenere,
ac de præsenti recusant aliqui eorum. Quare requirebat idem D. Rector, ut
ipsa Universitas super dicto ordine incedendi in ipsis Processionibus provi-
dere vellet & dignaretur : Ipsisque expositione & requisitione factis, ac lectâ
in dictâ Universitate ipsâ *Ordinatione anno præterito factâ per ipsos Deputatos,* maturâque deliberatione per singulas Facultates & Nationes, prout moris est,
præhabitis, conclusit ipsa Universitas, quòd præfati Religiosi infrà mensem
à die Datæ præsentium penès eosdem Rectorem & Universitatem, seu Deputatos ejusdem, titulos, acta, instrumenta, litteras & jura eorum darent,
producerent & afferrent, & quòd interim nihil innovaretur, &c.   *Hist.*
Univ. tom. 5. *pag.* 814. *& tom.* 6. *pag.* 25.

ARREST DU PARLEMENT.

Du 14 *Mars* 1505.

ENtre les Religieux, Abbé & Couvent de Saint Germain des Prez, Appellans des Recteur & Députés de l'Université de Paris, & Demandeurs
en matiere de desertion d'une part, & les Religieux, Prieur & Couvent de
Saint Martin des Champs, & les Religieux de Cluny, Intimés & Défendeurs
sur ladite desertion, d'autre : VEU par la Cour le Plaidoyer fait en icelle le
10 de ce mois, & tout ce que lesdites Parties ont mis & produit pardevers ladite
Cour, & tout consideré ; DIT A ÉTÉ, que la Cour, sans avoir aucun
égard à ladite desertion alleguée par les Appellans, a mis & met ladite appellation au néant, sans amende & sans dépens, & pour cause a ordonné &
ordonne que la Sentence dont est appel sortira son effet pour cette fois, &
par maniere de provision, sans préjudice des droits & Procès desdites Parties ;
& enjoint ladite Cour ausdites Parties produire au Procès pendant entre elles
pardevant lesdits Recteur & Députés de ladite Université dedans un mois, & ausdits
Recteur & Députés icelles juger, terminer, & décider dedans un mois après
ensuivant ; le tout à compter dudit dixiéme jour de ce mois que pareille in-
jonction leur a été faite de par la Cour ; *aliàs,* en défaut de ce avoir fait,
la Cour y pourvoira, ainsi qu'il appartiendra. DIT aux Parties le quator-
ziéme jour de Mars 1505.   *Hist. Univ. tom.* 6. *pag.* 28.

Anno 1516, die 23 Junii, Lis coram Rectore & Deputatis inter Religiosos de Sanctâ Cruce & Religiosos de Albis Mantellis, quoad ordinem pro-
cedendi in Supplicationibus Universitatis.   *Ibidem, pag.* 73.

Anno 1556, die 9 Aprilis, auditi fuerunt testes aliquot in Collegio Har-
curiano Regentes, qui testificati sunt apud Rectorem & Deputatos Facultatis
Artium M. Dionysium Gallet, septimæ Classis Præfectum, sæpè & iteratis
vicibus Primarium suum vocasse, *Canem, Judæum & Latronem,* aliisque
conviciis & contumeliis affecisse. Constitit verò prædictum Gallet esse admo-
dùm pertinacem. Quamobrem die sequenti 10 Aprilis censuerunt Deputati,
eum propter pertinaciam officio docendi privandum esse & societate Præ-
ceptorum.   *Ibidem, pag.* 83.

Anno Domini 1556, die Veneris 17 mensis Aprilis post Pascha, congregati

Jugement rendu au Tribunal du Recteur & des Procureurs, entre deux Principaux & un Regent.

fuerunt DD. Deputati Facultatis Artium in Sacello Collegii Juſtitiæ , horâ primâ à meridie, ad ſupplicationem D. Petri Alés , Doctoris Theologi & Primarii Collegii Montani, conquerentis de injuriâ ſibi factâ à D. Nicolao Dugaſt , Doctore Theologo , necnon Primario Collegii Lexovæi, proptereà quod idem Gymnaſiarchâ Lexovæus nuper aſciverat in ſuum Collegium M. Joannem Dempſtare, & illum inſtituerat Præceptorem Logicorum, cùm tamen priùs hunc Ordinem regeret in prædicto Collegio Montano . . . . . coram ipſis DD. Rectore & Deputatis comparentes prædictus Primarius Montanus , M. Petrus Gemelli Artium Magiſter Regens in dicto Collegio Lexovæo nomine ſui Gymnaſiarchæ Lexovæi, & prædictus M. Joannes Dempſtare, querelas & rationes hinc inde expoſuerunt ac deduxerunt. Quibus auditis , & intellectâ lecturâ Statuti , quo cavetur , *ne quis Præfectus Logicis aut Phyſicis novum curſum incipiat ſub pœnâ ejectionis è gremio Univerſitatis , quam ipſo facto incurret, ſi ſtatim à D. Rectore monitus non deſiſtat , ſed quem inceperit , perficiat , aut regere deſinat ; & qui id conceſſerit Primarius gravi multâ plectatur.* Maturis deliberationibus pro more præhabitis , idem D. Rector & Deputati cenſuerunt ex meliori parte , habitâ ratione plagæ & vulneris accepti in capite à præfato M. Joanne Dempſtare in Gymnaſio Montis-Acuti à Diſcipulis , præſentibus Primario & Præſide ejuſdem Collegii, illi liberum eſſe in aliud Gymnaſium migrare , ubi , ſi volet , poterit regere & docere juventutem. Et ita per D. Rectorem concluſum fuit. *Livre-Bleu , ſous le titre* , Actes tirés des Archives & Regiſtres de l'Univerſité , pour juſtifier ſa Juriſdiction exercée par ſes Députés , *pag.* 10.

1560.

Jugement du Tribunal du Recteur & des Procureurs, au ſujet de deux Examinateurs choiſis dans la Tribu de Paris.

Anno 1560, die Jovis 9 Januarii , apud Rectorem deciſa eſt quædam controverſia inter duos Examinatores Tribûs Pariſienſis in Natione Gallicanâ nominatos orta , quorum alter vocabatur Fine , Phyſicus Harcurianus, alter Dupré, Phyſicus Navarricus. Huic deciſioni interfuerunt quatuor Procuratores & quatuor Cenſores Facultatis Artium ; tandemque pronuntiârunt ipſum Dupré, non poſſe ſtare Examinatorem , quòd contra hujus veteris Statuti Tutavillæi tenorem electus fuiſſet : *Statuimus & ordinamus , ut Magiſtri , qui per ſingulas Nationes ad examen Baccalaureandorum ſolent eligi , de cætero eligantur cum bonâ deliberatione , nec ſint eligibiles Magiſtri cujuſcumque Nationis ad illud examen faciendum , niſi ſint in tertio anno à gradu Magiſterii ſuſcepto. Et hoc abſque ullâ diſpenſatione volumus , & auctoritate Apoſtolicâ obſervari mandamus.* Hiſt. Univ. tom. 6. pag. 537.

1568.

Principal dépoſé par le Tribunal du Recteur & Députez de l'Univerſité.

Anno Domini 1568 , die 25 Septembris, apud Collegium Sorbonæ in Sacello ejuſdem Collegii , horâ ſecundâ à meridie, congregati fuerunt DD. Rector & Deputati almæ Univerſitatis Pariſienſis ſuper tribus articulis . . . . . Secundus , de Profeſſione Fidei & Religionis Chriſtianæ expoſcendâ à M. Ludovico Cheſneau , Primario Collegii Turonenſis. . . . . Ibidem comparuerunt Venerabiles & Circumſpecti Viri DD. Rector , Benoiſt , de la Croix , Rochon, Franciæ, Picardiæ & Normaniæ Nationum Procuratores, & Nicolaus Vignier , Procurator generalis dictæ Univerſitatis. Expoſitâ per D. Rectorem congregationis causâ. . . . . Dictus M. Nicolaus Vignier ſupplicuit, M. Ludovicum Cheſneau , Primarium Collegii Turonenſis, tertiò vocatum, & non comparentem , ut Fidem & Religionem ſuam profiteretur , ſicut cæteri Primarii profeſſi ſunt , tanquam refractarium & contumacem reputari , & Privilegiis Univerſitatis & Officio Primariatûs prædicti Collegii Turonenſis inſequendo Senatûs Conſultum privari & privatum declari. . . . . Maturis deliberationibus inter dictos DD. Deputatos præhabitis , iidem DD. Deputati privârunt & privatum declaraverunt prædictum M. Ludovicum Cheſneau , ter vocatum & non comparentem , tanquam contumacem & refractarium, Privilegiis dictæ Univerſitatis & Officio Primariatûs dicti Collegii, inſequendo Senatûs Conſultum. . . . . Et ita per D. Rectorem concluſum extitit. *Livre-Bleu , titre* , De la Juriſdiction de l'Univerſité exercée par ſes Députés , *pag.* 1.

Eodem anno.

Anno Domini 1568 , die 17 Decembris , ex ordinatione DD. Rectoris & Deputatorum

Deputatorum almæ Universitatis Parisiensis, convocetur die Lunæ proximâ, horâ primâ à meridie præcisè, apud Sanctum Mathurinum coram DD. Rectore & Deputatis dictæ Universitatis, Reverendus in Christo Pater, & DD. du Tillet, Meldensis Episcopus, responsurus velit-ne admittere Dignitatem Conservatoriam, sibi conditionibus oblatis delatam, & juramenta in talibus præstari solita hisce conditionibus præstare. Datum Parisiis in Congregatione dictorum DD. Rectoris & Deputatorum apud Sanctum Mathurinum solemniter celebratâ, anno Domini 1560, die 17 Decembris. Convocetur D. Nicolaus de Creil, Scriba Curiæ Conservationis Privilegiorum Apostolicorum dictæ Universitatis coram dictis DD. Deputatis eâdem die apud dictum locum Mathurinorum, ut audiat sibi fieri inhibitiones, ne quid in dicto Graphariatu agat aut exhibeat sub nomine Reverendi in Christo Patris ac DD. Joannis du Tillet, Meldensis Episcopi, Partibus contendentibus, sub pœnâ Privilegiorum dictæ Universitatis. Datum Parisiis anno, loco, & die prædictis. Convocentur D. Nymphus, Procurator & Provisor, seu Prior Collegii Longobardorum apud dictum locum Mathurinorum die & horâ prædictis; Nymphus rationem redditurus à quo legendi acceperit potestatem in Academiâ Parisiensi, invito D. Rectore, cum nullo gradu in dictâ Academiâ sit insignitus; Procurator & Provisor, seu Prior, rationem reddituri, cur contra Statuta Universitatis dictum Nymphum in suo Collegio legere permittant, non visis Rectoris & Universitatis schedulis, quibus constet licere dicto Nympho legere. Datum Parisiis anno, loco & die prædictis. *Signatum*, LAFFILÉ, *cum symgraphâ. Ibidem, pag.* 13.

Anno 1581, 19 Martii, Primarius Collegii Bonorum Puerorum ad Vicum Sancti Honorati supplicavit, ut liceret sibi domum reædificare, seu instaurare, in usum proprium, pollicitusque se daturum summam Academiæ, id si permitteret; item & singulis Bursariis, ut in alio aliquo Collegio alerentur, annuum reditum. . . . . Conclusio Rectoris, censetis (Deputati) nequaquam domum istam publicam . . . . . alienandam, ne aperiatur fenestra, ut idem fiat de Gymnasiis, in quibus non fiunt exercitia.   *Hist. Univ. tom.* 6. *p.* 775.

Du Jeudi huitiéme jour de Février 1601, aujourd'hui Messieurs les Recteurs, Procureurs des Nations de Picardie, Normandie & Allemagne assemblés & congregés en la chambre dudit Sieur Recteur au College de Navarre, heure & demie de relevée.

Comparant Mathurin Chedepeau, grand Bedeau de la Nation de Picardie, lequel interrogé par serment, pourquoi il a mis en Procès Mr Pierre Gaultier ailleurs que pardevant M. le Recteur, son Juge naturel en cas de mœurs & discipline scholastique ? A répondu, que ledit Gaultier l'avoit batu, qui a été l'occasion pourquoi il l'a mis en Procès, & le poursuit pardevant le Lieutenant-Criminel.

S'il veut & entend, que ladite Instance soit évoquée pardevant Monsieur le Recteur ? A dict, que ladite Instance est pendante devant ledit Lieutenant-Criminel, qui est saisi de la cause, & qu'il ne se peult désister de ladite poursuite & Instance.

Pourquoi il a fait assigner Monsieur le Procureur de la Natioon de Picardie pardevant un Commissaire ? A dict, que ce qu'il en a faict a été pour déposer de la vérité du faict d'entre lui & ledit Gaultier.

S'il n'a pas été receu à la charge de bailler caution pour la Masse & autres meubles estant dans la Chapelle des Escolles appartenant à ladicte Nation de Picardie ? A dict, qu'il a été receu à la charge de bailler caution pour la Masse seulement, & que lui baillant ladicte Masse entre les mains, & la faisant saisir, il s'efforcera de bailler caution suffisante.

Lesdicts Sieurs Députés ont ordonné, que dans huict jours ledict Chedepeau baillera caution pour ladicte Masse ; autrement, qu'il sera plus amplement délibéré ; Et à lui enjoint de se comporter modestement envers ses Supérieurs, autrement qu'il sera procédé contre lui, ainsi que de raison. Ce fut faict & délibéré par lesdicts Sieurs Députés, les jours & an que dessus.   *Reg. de l'Un.*

Le 5 Janvier 1604, au Tribunal du Recteur & Députés de l'Université, sur la plainte du Sieur Blangy Principal du College de Calvy, au sujet de la

& Députez de l'U-
niverfité, qui dé-
clare nulles les Let-
tres d'un Maître
ès Arts.

1612.
Decret du Tri-
bunal du Recteur
de l'Univerfité,
contre les Décre-
tiftes non Maitres
ès Arts.

1613.
Decret du Tri-
bunal du Recteur
& Procureurs des
Nations, contre
les Bacheliers en
Droit Canon, au
fujet du Rectorat.

1614.
Le Recteur tient
fon Tribual avec
les Procureurs, en
préfence de la Fa-
culté des Arts
affemblée; & ter-
mine une contef-
ration au fujet de
l'Office d'Exami-
nateurs.

Maîtrife ès Arts du nommé Turgy : *DD. Deputati cenfuerunt Litteras Magifterii Johannis Turgy, Diœcefis Rothomagenfis, nullas, irritas, & invalidas effe, illafque fub-reptitiè obtentas fuiffe declaraverunt.* Regiftres de l'Univerfité.

Le premier Décembre 1612, au Tribunal du Recteur & Députés de l'Uni-verfité : *DD. Deputati inter cætera cenfuerunt; in pofterùm denegandas effe Litteras no-minationis Graduatis in Jure Canonico, qui laureâ Magifterii in Artium Facultate non erunt infigniti.*

Le 23 Mars 1613, au Tribunal du Recteur & Procureurs : *Cenfuerunt ne-minem Graduatum in Jure Canonico, effe admittendum ad Rectoratum, pendente lite Univer-fitatis & Juris Facultatis Canonici. Et ita à D. Rectore conclufum extitit.* Regiftres de l'Univerfité.

Anno Domini 1614, die 14 menfis Augufti, apud Sanctum Julianum Pauperem folemniter, ut moris, horâ folitâ matutinâ congregata extitit præ-clara Artium Facultas florentiffimi Studii Parifienfis fuper nominatione Exa-minatorum Magiftrandorum à D. Cancellario Divæ Genovefæ. D. Bordier. Doctor Theologus, Vice-Cancellarius Divæ Genovefæ, nominavit Exami-natores; videlicet, pro Natione Gallicanâ Dominum Craffot : pro Picardiâ, D. de la Saulx : pro Normaniâ, D. Joachimum Duval; & pro Germaniâ, D. Dempfterum.

Maturis deliberationibus præhabitis per fingulas Nationes, Natio Gallicana approbat nominationem dicti D. Vice-Cancellarii factam de perfonâ dicti D. Craffot.

Picardorum Natio approbat etiam D. de la Saulx, Examinatorem nomi-natum.

Normanorum Natio remittit ad fuam Nationem confirmationem Exami-natoris ejufdem Nationis, quandoquidem duo funt; fcilicet, D. Padet & dictus D. Duval, qui contendunt dictam confirmationem.

Germanorum Natio approbat nominationem factam de perfonâ dicti Do-mini Dempfteri.

Quo facto, D. Rector unà cum dictâ Facultate cenfet DD. Craffot, de la Saulx & Dempftare admittendos effe ad juramenta Examinatorum; & remittit contentionem Dominorum Padet & Duval ad Nationem Normanicam.

Deinde poft multa propofita & altercata in dictâ Natione Normaniæ quæ in varias diftrahitur fententias, ad evitanda litis diffidia dictus D. Bordier, Procancellarius, tertium nominavit Examinatorem à dictis Padet & Duval, fcilicet Dominum Touzart.

Sed quia dictus Touzart certis caufis & rationibus idoneus repertus non fuit, idcircò dictus D. Rector cum DD. Procuratoribus Nationum & cum dicto D. Procancellario Conclave ingreffi funt, me Scribâ fubfignato ibidem aftante. Ubi res maturè deliberata fuit, & poftquam dictus D. Procancella-rius, alium à dictis Padet, Duval, & Touzart nominavit Examinatorem pro Natione Normanicâ, fcilicet D. Marinum Fleuret, Baccalaureum Theologum, virum Procuratorium, & probatiffimæ vitæ; idem D. Rector & dicti DD. Pro-curatores Nationum nominationem ipfius Domini Fleuret approbaverunt, eumdemque retinuerunt Examinatorem cum dictis DD. Craffot, de la Saulx & Dempftare. Qui quidem fimul folita juramenta præftiterunt, nemine con-tradicente. *Regiftres de l'Univerfité.*

1615.
Le Tribunal du
Recteur & Dépu-
tez de l'Univer-
fité regle les Dif-
tributions pour
les Proceffions.

Eodem anno.
Sentence du Tri-
bunal de Recteur
& des Procureurs,
contre plufieurs
Meffagers.

Le 4 Avril 1615, au Tribunal du Recteur & des Députés de l'Univerfi-té : *De diftributionibus publicarum Supplicationum Univerfitatis, cenfuerunt DD. De-putati illas diftributiones de mediatâ parte effe augendas.*

L'an 1615, le Samedi feptiéme jour de Novembre, M. Jehan Hollandre, Recteur de l'Univerfité, affifté de MM. les Procureurs des quatre Nations, s'eft tranfporté au Cloître des Mathurins, auquel lieu & après que ledit Sieur Recteur a expofé la caufe de l'Affemblée, & que les Meffagers de ladite Univerfité, pour ce mandés, ont été oüis; enfemble le Procureur Fifcal de ladite Univerfité, ledit Sieur Recteur par l'avis defdits Sieurs Procureurs, a Ordonné & Ordonne, Que le Meffager de Touloufe, qui a quitté la Religion

Catholique, Apostolique & Romaine, sur l'avis qui en a été donné par Thomas Denis, demeurant rue de la Huchette, ensemble ceux qui tiennent des Fermiers du Roy contre le serment par eux presté à leurs réceptions, seront tenus de quitter dans trois mois leurs Offices de Messagers, & les remettre entre les mains des Procureurs & Nations dont ils dépendent, &c. *Registres de l'Université.*

Le 14 Novembre 1618, au Tribunal du Recteur & Députés de l'Université sur l'opposition formée, tant par les Boursiers-Théologiens du Collége du Plessis, que par le Censeur de la Faculté des Arts, à ce que les nommés Drean, Cardinal & Carré, fussent reconnus pour Maîtres-ès-Arts & qu'il leur en fut délivré des Lettres. Jugé, qu'ils seront reconnus *Magistros in Artium Facultate, & eisdem certis de causis & rationibus tradendas esse litteras Magisterii per Scribam Universitatis, non obstantibus oppositionibus Bursariorum-Theologorum Collegii Plessæi & D. Censoris Facultatis Artium.* Registres de l'Université.

1618. Jugement du Tribunal du Recteurs & Députez de l'Université, en faveur de trois Maîtres ès Arts, contre le Censeur de la Faculté des Arts.

Anno Domini 1625, die decimâ quartâ Januarii in Mathurinensi adfuerunt D D. Roguenant Theologiæ, le Clerc Juris Canonici, Cousinot Medecinæ, Decani; Thevenin, Treny, Fouquet & Pierresson, Procuratores, cùm Procuratore Fisci. . . . . . . Post Decanorum dissessum ibidem præclara Artium Facultas habuit Comitia. . . . .

Exposuit D. Rector sibi à Primariis viris venerandæ Nationis Normaniæ oblatum libellum supplicem, quo de M. Stephano Fouquet ejusdem Nationis Procuratore, conquererentur, qui de prorogatione sui Magistratûs præmatura habuisset Comitia.

Quod ubi exposuisset, D. Fouquet pro re suâ pauca dixit, scilicet cum prorogationis aut electionis sui Magistratûs nullus certus dies esset, non esse quòd de se Primarii illi viri conqueri possint, cum tota Natio de Mandato D. Rectoris convocata ut de rebus gravis momenti deliberaret, sibi Procuratoriam Dignitatem prorogarit.

D. Guenon ejusdem Nationis Ex - Procurator protulit conclusionem ejusdem Nationis decimâ quartâ Augusti 1624, suo & Nationis sigillis obsignatam, quâ Procuratoria Dignitas eidem D. Fouquet ad decimam quintam Januarii decerneretur.

His sic actis maturâque deliberatione adhibitâ, Decretum est, de creando vel prorogando procuratore Normaniæ apud Harcurium crastinâ die habenda esse Comitia. Quòd si renuerit Procurator, posse vel ejus Nationis Ex-Procuratorem, vel Decanum Comitia ad diem sequentem indicere. *Registres de l'Université.*

1625. Sentence du Tribunal du Recteur & Procureurs des Nations, au sujet de l'Election d'un Procureur de Normandie.

Anno Domini 1628, die octavâ Augusti in Præleo-Bellovaco D. Rector egit cum Procuratoribus Nationum & Procuratore Fisci de superstitatione Nuntiatûs Urbis & Civitatis Rothomagensis concessâ à Venerandâ Natione Joanni le Tort filio, quòd hoc repugnet Academiæ Statutis. Verùm ubi exposuit Procurator Fisci Nationem Venerandam hanc fecisse gratiam propter magna Joannis le Tort patris in Tribum & Academiam merita . . . . Hæc prædictos DD. Impulerunt ut ejusdmodi superstitationi non à solo Procuratore, sed à totâ Natione legitimè convocatâ, factæ, non refragati sint, sed Placuit illis hæc verba litteris Provisionis adjici, *quod jus in illo eximium & singulare esse volumus ob præclara in Academiam merita, cavemusque ne in exemplum prodatur.* Registres de l'Université.

1628. Jugement du Tribunal du Recteur & Procureurs des Nations au sujet d'une survivance accordée à un Messager de la Nation de Normandie.

Le 9 Avril 1639, au Tribunal du Recteur & Députés de l'Université, contestation pour la Procure d'Allemagne entre deux Contendans, dont l'un avoit été élu par cette nation à la pluralité des suffrages. *Audito Procuratore Fisci, omnes & singuli censuerunt, ut quod actum est hactenùs de illâ controversiâ irritum pronuntietur & nullum. Nova de Procuratore deligendo die Lunæ proximo in loco solemni habeantur Comitia. Interim D. Wolmy se gerat pro Procuratore, curetque ut omnes & singuli ejusdem Nationis Magistri legitimè vocentur. . . . . . Si qua sit intercessio, de hâc ad Consilium Universitatis referatur. . . . . Statim intercessit idem Fitzsimon. Ni-*

1639. Le Tribunal du Recteur & Députés de l'Université casse une élection de Procureur faite dans la Nation d'Allemagne.

hilominùs D. Rector de ejusdem Consilii sententiâ censuit, nullâ habitâ ratione ejusmodi intercessionis habenda esse supradicta Comitia. Registres de l'Université.

1642.
Election d'un Procureur d'Allemagne contestée, & confirmée au Tribunal du Recteur & Députez de l'Université.

Le 13 Décembre 1642, au Tribunal du Recteur & Députés de l'Université, Poerus & Patena sont en contestation pour la Procure de la Nation d'Allemagne : Patena avoit été élu à la pluralité des suffrages par cette Nation, & cette élection étoit attaquée par Poerus. *De hâc controversiâ omnes & singuli censuerunt, ritè atque ex ordine à Germanis & Scotis ipsum Joannem Patenam in Procuratorem electum : reddenda ei ab eodem Poero Magistratûs insignià : præcipiendum Insularibus, suâ unicâ vice, seu turno contenti sint, qui unicam conficiunt Provinciam, & cavendum ne quid simile in posterum aggrediantur & intentent. Et ita per D. Rectorem conclusum fuit.* Registres de l'Université.

1643.
Procureurs, Doyens, & Suppôts de la Nation de France, assignés au Tribunal du Recteur & Députés de l'Université, au sujet de la Questure de cette Nation.

Le 7 Février 1643, au Tribunal du Recteur & Députés de l'Université, *De controversiâ exortâ in Natione Gallicanâ de Quæstorio munere, Placuit, diem dici DD. Procuratori, Decanis, & Magistris ejusdem Nationis, ut, auditis omnibus de eâdem controversiâ maturiùs decernatur.* Registres de l'Université.

1644.
Election d'un Questeur de la Nation de France, attaquée & confirmée au Tribunal du Recteur & Députés de l'Université.

Le 20 Février 1644, au Tribunal du Recteur & Députés de l'Université, contestation entre les Sieurs Duchesne & Alamargot pour la Questure de la Nation de France : Sentence du Tribunal qui porte, *Electionem M. Petri Alamargot consentaneè statuto & conclusioni Nationis Gallicanæ, atque adeò ritè factam.* Registres de l'Université.

1646.
L'union du Collège du Plessis à la Maison de Sorbonne, approuvée & consentie par le Tribunal du Recteur & Députez de l'Université.

Le 2 Juin 1646, au Tribunal du Recteur & Députés de l'Université. Sur la demande du consentement de l'Université pour l'union du Collége du Plessis à celui de Sorbonne, il fut conclu, de l'avis unanime du Tribunal, *ritè & rectè factam illam unionem Collegii Plessæi cum Collegio Sorbonico.* Registres de l'Université.

1647.
Maîtres ès Arts dégradé par le Tribunal du Recteur & Députez de l'Université.

Le 23 Août 1647, un Auteur Maître-ès-Arts en l'Université de Paris, ayant écrit dans un Ouvrage public quelque chose d'injurieux à cette Université, est cité au Tribunal du Recteur & Députés. On rend un Décret contre lui qui porte, *Jure veteri, more, consuetudine, & exemplo Majorum, illum . . . . . interdicto sempiterno privandum Academiæ beneficio, libertate, ordine, gradu, jure omni, ejusque Magisterii autographum cancellandum esse.* Registres de l'Université.

1649.
Survivance d'un Office de l'Université accordée par le Tribunal du Recteur & des Députez, en présence de l'Université assemblée.

Le 15 Décembre 1649, l'Université étant assemblée aux Mathurins pour la Procession ordinaire, le Recteur tient son Tribunal des Doyens & Procureurs, & y accorde la survivance de l'Office de Procureur de l'Université au Parlement au Sieur Dubois, gendre du Sieur d'Accole Receveur général de ladite Université, & qui étoit en même tems l'un de ses deux Procureurs au Parlement : *Placuit DD. Rectori, Decanis & Procuratoribus M. Rochum Dubois designatum illius generum, admitti ad Officium Procuratoris ejusdem D. d'Accole, ad designatam successionem, seu, ut vocant, superviventiam.* Registres de l'Université.

1651.
Disposition d'un Arrêt du Parlement, qui renvoye la connoissance d'un différend, au sujet du Décanat de la Tribu de Paris, au Tribunal du Recteur & des Procureurs.

Dans le Registre de l'Université qui commence en l'année 1647, & finit avec l'année 1658, on cite folio 61 verso, un Arrêt du Parlement rendu en 1651 au sujet d'un différend pour le Décanat de la Tribu de Paris entre plusieurs Contendans. On ne rapporte que la disposition de cet Arrêt : *LA COUR a renvoyé & renvoye le différend dont est question au Recteur de l'Université de Paris & aux quatre Procureurs des Nations d'icelle, pour par eux être jugé & terminé, & sera leur Jugement exécuté nonobstant oppositions & appellations quelconques.* La date de cet Arrêt n'est point rapportée, mais il est marqué qu'il fut signifié aux Parties les 17 & 20 Juillet 1651. *Registres de l'Université.*

1652.
M. Choart, Evêque de Beauvais, élu Conservateur

L'an 1652, le 19 Mars, l'Université étant assemblée aux Mathurins pour la Procession ordinaire, *D. Rector exposuit præclarum Conservatoris Privilegiorum Apostolicorum Academiæ Munus jampridem vacare per obitum Illustrissimi Viri*
Domini

Domini Potier Epifcopi Bellovacenfis de Academiâ quàm præclarè meriti. Jam effe è re Academiæ, ut alter in ejus locum fufficiatur. Ad id porrò Muneris affumi pro more Epifcopum Bellovacenfem, vel Silvanetenfem, vel Meldenfem. Omnibus & fingulis Placuit tùm Decanis, tùm Procuratoribus, eo Munere donari Illuftriffimum D. Choart, ex forore ejufdem D. Potier filium, Epifcopum & Comitem Bellovacenfem, Academiæ amantiffimum. . . . *Et ita conclufum fuit à D. Rectore.* Regiftres de l'Univerfité.*

Le 6 Juillet 1652, au Tribunal du Recteur & Députés de l'Univerfité, Procès pour le Décanat de la Nation d'Allemagne entre Pendric, d'une part, & Omoloy, de l'autre ; Pendric *jure antiquitatis*, Omoloy, *jure Regentiæ*. Vû toutes les Piéces produites de part & d'autre ; le Procureur Général de l'Univerfité oüi, *DD. Deputati Decanatum Nationis Germaniæ adjudicârunt & adjudicant M. Rogerio Omoloy. Et ita ab Ampliffimo D. Rectore conclufum fuit.* Regiftres de l'Univerfité.

Le 6 Septembre 1652, la Cure de Saint Germain le Vieux étant venue à vacquer, la Faculté de Droit, compofée alors du feul Doyen, les autres Chaires étant vacantes, nomma à cette Cure le Sieur le Barbier, fur la fauffe fuppofition, qu'elle étoit en tour pour nommer. Le Procureur Fifcal de l'Univerfité porta l'affaire au Tribunal du Recteur & Députés, & fur fon Réquifitoire la nomination faite par le Doyen de la Faculté de Droit, fut déclarée nulle : *DD. Detani & Procuratores* . . . . . *cenfuerunt & declarârunt irritam & nullam effe nominationem factam à M. de Buifine ad Paræciam S. Germani Veteris.* Regiftres de l'Univerfité.

Die Martis 27 Junii, in Comitiis extraordinariis Ampliffimi D. Rectoris & DD. Deputatorum quatuor Nationum Procuratorum, in Collegio Auguftodunenfi eodem anno (1656) apud D. Rectorem habitis, horâ poft meridiem primâ, M. Guillelmus Defauberis Baccalaureus Theologus Philofophiæ Profeffor Harcurianus & Regius, antiquior Magifter inter Rotomagenfes Nationis Normaniæ in Almâ Univerfitate Parifienfi, libello fupplice ab Academiâ poftulavit, uti pro poteftate caveat, ne quid craftinâ die, quæ ftata eft & folemnis eligendis Examinatoribus Baccalaureorum in Artibus apud Venerandam Normanorum Nationem, prorsùs innovetur contrà id quod in ufu fuit fuperioribus annis, quibus ille contendit hactenùs in more pofitum fuiffe in eâdem Natione, ut quotannis unus eligatur Magifter è Diœcefi Rotomagenfi, qui præfit inferiori Baccalaureorum examini. His attentè confideratis, PLACUIT, *Partes vocari ad proxima Univerfitatis Comitia, quæ habebuntur die Sabbati proximo apud D. Rectorem in eodem Auguftodunenfi Collegio, horâ poft meridiem primâ, ubi de illâ controverfiâ ampliùs deliberabitur : Interim nihil prorsùs innovari contrà id quod fuperioribus annis ufurpatum fuit in eligendis Examinatoribus parvi examinis ejufdem Nationis.*

Primâ Julii 1656, in Comitiis ordinariis Ampliffimi D. Rectoris & DD. Deputatorum Almæ Univerfitatis Parifienfis apud Collegium Æduenfe de mandato D. Rectoris, horâ poft meridiem primâ, comparuerunt MM. Bravius Coubayon, Rector, Stephanus de Bernardin-du-Mefny, Hieronymus Landrieu, Joannes Aubert, & Joannes Richer, Galliæ, Picardiæ, Normaniæ & Germaniæ Nationum Procuratores, Francifcus du Monftier Procurator Fifci, & Samuel d'Accole Quæftor Academiæ.

Factâ per Ampliffimum D. Rectorem fupplicandi poteftate, M. Petrus de la Mare, Litterarum Humaniorum Profeffor in Lexovæo & Cenfor ejufdem Nationis Normanicæ, per Apparitorem ex fuperiori Conclufione 27 Junii eodem anno legitimè vocatus, ftitit fe coràm dictis DD. & expofuit, Nationem Normaniæ matutinis Comitiis apud Harcurium delegiffe Prudentiffimos Viros MM. Jacobum Defperiers, in Theologiâ Licentiatum, Primarium & Profefforem Philofophiæ Lexovæum ; Ægidium Guerin, Rhetorem in Montano ; & Ludovicum Noel, Baccalaureum Theologum, & Philofophiæ Profefforem Harcurianum, qui evolvant accuratè dictæ Nationis monumenta, & poftea ad eamdem referant Nationem ; quæ de fupra-dictâ Controverfiâ inter Rotomagenfes & cæteros dictæ Nationis Magiftros exortâ pronuntiabit quod Juris erit & Nationis. Præftereà idem D. de la Mare nomine Nationis conqueftus eft de dicto M. Guillelmo Defauberis, quòd illum, quem obtulit *D. Rectori & DD. Procuratoribus*, libellum fupplicem obfignavit hâc verborum formulâ, *G. Defauberis, Decanus Metropolitanus*; quòddque in eodem libello fupplice Diœcefim Rotomagenfem nuncuparit *Tribum Rotomagenfem*, tametfi in eâdem Natione Normanâ nulla fit diftinctio Tribuum, nec Decanorum, fed unus tantùm hactenùs extiterit totius Nationis Decanus, & una tantùm fit Tribus Normana; ac proinde poftulavit, ut hæc nomina antè hunc diem in eâdem Natione inaudita & eidem libello fupplici adjuncta imprimis deleantur, ne quid in Natione innovetur & eidem fit fraudi; cujus poftulationis inftrumentum petiit idem D. de la Mare.

Tùm idem D. Defauberis dixit, hoc Decani Metropolitani nomine tantùm profiteri fe Magiftrum Antiquiorem cæteris Rotomagenfibus Magiftris in eâdem Natione degentibus : nec Rotomagenfes Magiftros Tribum conftituere feorfim ab aliis ejufdem Nationis Magiftris, nec illos in Natione cæteris præire, nifi fint receptionis ordine primi, ac proinde illis fe fe nominibus planè renuntiare. Cujus quidem renuntiationis ac profeffionis inftrumentum poftulavit dictus D. de la Mare.

Verum idem D. Defauberis contendit, ejufmodi controverfiæ inter Rotomagenfes & cæteros ejufdem Nationis Magiftros exortæ de præregativâ inferioris examinis Baccalaureorum in Artibus Judicium non effe ad Nationem revocandum, cùm in eâ cæterarum Diœcefium Magiftri numero longè fuperent Rotomagenfes, ac proindè fuæ caufæ, quod juri repugnat, judices conftituerentur.

Tum D. Rector ab eodem D. Defauberis quæfivit nùm vellet quofdam Magiftros de fuâ Diœcefi prædictis Deputatis adjungi qui fimul infpiciant ejufdem Nationis Tabulas. Verùm negavit fe quemquam adjuncturum.

Itaque auditis partibus & Procuratore Fifci, iidem DD. cenfuerunt, ut dicti ejufdem Nationis Deputati intra trimeftre fpatium infpiciant fedulo Tabulas & Commentarios ejufdem Nationis, & poftea referant ad Nationem quidquid de illâ controverfiâ obfervarint in illis Tabulis & Commentariis : Quibus auditis, Natio controverfiam, fi fieri poffit, amicè componet; fin minùs, illius judicium ad Academiam revocabitur. Et ita concluft D. Rector.

Suite.

1656, Die Lunæ feptima Augufti in Collegium Auguftodunenfe, apud D. Rectorem horâ poft meridiem primâ, convenerunt MM. Stephanus de Bernardin du-Mefny, Hieronymus Landrieu, Joannes Aubert, & D. Hinfernan Galliæ, Picardiæ, Normaniæ & Germaniæ Nationum Procuratores, Francifcus Dumonftier, Procurator Fifci, & Samuel d'Accole, Quæftor Academiæ, de rebus Academicis deliberaturi. D. Rector expofuit caufam Congregationis, fecitque fupplicandi poteftatem.

Tum fefe coràm dictis Dominis ftitit Magifter Guillelmus Defauberis Baccalaureus Theologus Philofophiæ Profeffor Harcurianus & Regius, comitantibus aliis Diœcefis Rotomagenfis Magiftris, & perlegit alterum libellum fupplicem, quem dictis Dominis obtulerunt Rotomagenfes Venerandæ Nationis Magiftri, & per Apparitorem legitimè denuntiarunt dicto Magiftro Joanni Aubert ejufdem Nationis Procuratori. Hoc autem libello fupplicé conqueruntur dicti Rotomagenfes Magiftri de quâdam conclufione factâ in generalibus Comitiis ejufdem Nationis apud Harcurium habitis die 28 Julii noviffimi, quâ quidem pro more delecti funt tres Candidatorum Baccalaureatûs Artium Examinatores, nimirùm D. Lair Profeffor Harcurianus, receptionis ordine primus, Dominus Chedeville Baccalaureus Theologus & Primarius Collegii Thefauriorum Diœcefis Rotomagenfis (ita tamen ut ficut præcavere fuperioribus annis Natio folita eft, Metropolitani titulo, falvo aliorum jure, non gaudeat) & D. le Sauvage, Baccalaureus Theologus, & Philofophiæ Profeffor apud Bellovacos : quæ conclufio per Apparitorem denuntiata fuit dicto D. Chedeville, 19 Julii anno prædicto, tametfi repugnet Decreto Ampliffimi Domini Rectoris & Dominorum Procuratorum 27 Julii ultimi eodem anno, quo quidem cautum fuit *ut nihil prorsùs innovetur contra id quod annis fuperioribus ufurpatum fuit in eligendis examinatoribus parvi examinis ejufdem*

Nationis. Quamobrem dicti Rotomagenses Magistri contendunt, hanc conclusionem nullam esse & irritam, atque adeò ab eâdem Natione innovatum, contra id quod in usu fuit superioribus annis, quibus è Rotomagensibus Magistris unus, parvo ejusdem Nationis examine præfuit, ac proindè non esse quòd de suâ dejiciantur possessione, ut ampliùs in eodem supplice libello contineatur.

Contra verò M. Petrus de la Mare Professor Lexovæus & Censor ejusdem Nationis, adstantibus multis ejusdem Nationis Magistris, contendit, nihil quidem innovatum ab eâdem Natione, cùm ex quo controversia inter Rotomagenses & cæteros dictæ Nationis Magistros exorta est de prærogativâ inferioris artium examinis, eadem Natio quotannis in eligendis Candidatorum Baccalaureatûs Artium Examinatoribus, scilicet pevigilio SS. Petri & Pauli, prohibere solita sit, quo minùs Examinator Rotromagensis gaudeat titulo *Metropolitani*, qui nullis nititur Academiæ Statutis, imò derogat juri communi in eâdem Natione hactenus usurpato, quo quidem singuli Magistri, ex quâcumque sint Diœcesi, eodem sedent ordine & ferunt sententiam, quo sunt cooptati in gremium Nationis.

Dominus verò Desauberis subjecit ejusmodi prærogativam constare ex tabulis examinis Baccalaureorum in Artibus, in quibus videre est, semper unum è Rotomagensibus Magistris annis superioribus præfectum fuisse parvo ejusdem Nationis examini.

Insuper dictus Dominus de la Mare intercessit nomine Nationis, ut jam suprà, quominùs D. Desauberis sibi arroget nomen *Decani Metropolitani*; atque adeò nomen *Tribûs* imponat Diœcesi Rotomagensi, cùm in Natione Normaniæ una tantùm sit Tribus & unus Decanus.

Tum D. Desauberis interrogatus à D. Rectore, ejusmodi titulo ac nomini, ut suprà, renuntiavit. Cujus quidem renuntiationis instrumentum postulanti D. de la Mare, ultrò concessum.

Verùm antequàm recederent Partes adversæ, postulavit idem D. Desauberis uti pariter recederet idem D. Aubert, Normaniæ Procurator, cùm non debeat esse judex illius controversiæ, de quâ jam pronuntiavit.

Auditis itaque Partibus, nec-non Procuratore Fisci, V I S U M E S T stare præcedenti conclusione primo Julii novissimi, quâ quidem cautum est, ut supradicti DD. Desperiers, Guerin & Noel ab eâdem Natione delecti intrà spatium trimestre sedulo inspiciant Tabulas & Commentarios ejusdem Nationis, ad quam posteà referant quidquid de illâ controversiâ observarint in illis Tabulis & Commentariis; quibus auditis Natio ejusmodi controversiam, si fieri possit, amicè componet; sin minùs, illius judicium ad Academiam revocabitur. *Interim DD. Dominis placuit*, eundem Nicolaum Chedeville, Diœcesis Rotomagensis Magistrum ab eâdem Natione delectum Examinatorem Artium, præesse examini Candidatorum Baccalaureâtus Artium ejusdem Nationis, donec aliter constitutum fuerit. Et ita conclusit D. Rector. *Registret de l'Université.*

Anno 1665, die Mercurii 14 Octob. in Comitiis extraordinariis in Marchiano habitis, ubi comparuerunt D. Rector, DD. Procuratores, Ludovicus Charton, Nationis Gallicanæ; Philippus Mathon, Ex-Procurator Picardicæ; Stephanus le Boullanger, Normanicæ, & Nicolaus Loüys, Germanicæ, prædictus Mathon exposuit die Lunæ proximè elapsâ in Comitiis suæ Nationis, ad electionem Procuratoris congregatæ, exortum fuisse ingentem tumultum

. . . .

Porrò se in istâ rerum confusione quantum licuit, seclusâ Tribu Teruacensi propter absentiam Decani, & duabus Nationibus pro M. Petro Ricard, duabus item pro M. Francisco le Maire, militantibus, quandoquidem æqualia erant suffragia, prædictum Magistrum le Maire, in Procuratorem nominasse & renuntiasse.

Verùm Magister Petrus de Lenglet, Syndicus, & prædictus Ricard auditi rem se aliter habuisse enarrarunt.

Itaque quandoquidem non liquebat, nec tam citò comparari poterant

inftrumenta ad litis decifionem , ex omnium DD. Procuratorum fuffragiis pe-
rendinatum eft & ad Triduum dilatum.

Die 17 Octob. in Comitiis Marchianis actum de lite Nationis Picardicæ.
Sed quia neuter Contendentium alteri ulla inftrumenta rationef-ve fignifica-
vit aut communicavit, DECRETUM ut intrà diem Mercurii proximum com-
municent ea quibus ad litis profecutionem & decifionem uti volent.

Die 24 Octob. habitis in Marchiano Comitiis ad decifionem litis Picardicæ. . . . . , ...

. . . . ; . . . .
D. Rector dixit , à quindecim diebus nihil in negotio contentiofo promotum
culpâ Partium , hanc modò, modò illam rationem proferentium, Quare ne diu-
tiùs protrahatur difcordia , velle fe de plano rem decidere ; & diem Lunæ 26
Octobris Decretoriam præfixit, horamque primam à meridie, ut uterque,
fi velit, Patronum fibi feligat , edoceat & adducat ; Univerfitatem verò fibi
fuum habituram , ne quid in eâ re præcipitanter aut immaturè feciffe arguatur.
Placuit utrique Contendentium fuum Patronum adducere : & Univerfitati
Dominum Marefchaux , Patronum fuum communem & ordinarium , advocare.

Die Lunæ 26 Octob. habitis horâ primâ pomeridianâ in Marchiano Comitiis in rem Nationis Picardicæ , accerfiti litigatores fine Patronis caufam
fuam fe acturos profeffi funt , feque Univerfitatis & D. Marefchaux ,
ejufdem Patroni, judicio fubmittere confenferunt. Auditis autem Partibus &
re difcuffâ , quia urgebat nimis hora lectionis , dilatum eft judicium in craf-
tinum diem, rogatufque eft D. Marefchaux , ut intereffe velit, confilium
æquum fubminiftraturus.

Die 27 Oct. horâ poft meridiem primâ , habita funt Comitia in Marchiano
ad decifionem litis Picardicæ. Et primùm poftquàm accerfiti funt litigantes ,
quæfitumque ex iis an habeant aliquid amplius ad caufæ fuæ fulcimentum
producendum ; Magifter Francifcus le Maire , interceffit ne judicio interfit
M. Petrus de Lenglet Syndicus, nevè ad rei decifionem Syndicum agat ullatenùs , propter rationes quas in aliis Comitiis protulit. Similiter M. Petrus Ricard , judicem rejecit Magiftrum Philippum Mathon , Picardiæ Ex-Procuratorem , ejufque conclufionem falfi, ut fuprà, infimulavit.

Contrà accufatus eft ipfe Ricard ambitionis, empti fuffragii , ...
pecuniâ depofitâ apud Actuarium feu Tabellionem , eâque de re confectum
inftrumentum & fyngraphis confignatum. Quæ res novas ambages intulit ,
actionemque civilem in capitalem commutavit. Itaque poftquam fuper eâ lite
diù multumque deliberatum eft, ad tollendum ambitum ejufmodi , infamem
Partibus , & pudendum Univerfitati, de confilio D. Marefchaux, PLACUIT ut
prædictus M. Philippus Mathon , Ex-Procurator , Nationem Picardicam fre-
quentiffimam convocet die Jovis 29 apud Mathurinenfes, horâ feptimâ matutinâ : (iifque Comitiis interfint D. Rector & DD. Procuratores cæterarum
Nationum cùm D. Marefchaux :) proponatque alternas vices in muneribus
obeundis inter Regentes & non-Regentes : (quandoquidem ea quæftio in ipfâ
Natione jam pluries agitata fuerat :) hoc pacto , fi rei propofitæ Natio ac-
quiefceret , confenfuram etiam facilè ut ad diffidium præfens componendum
in executionem conclufionis alter litigatorum hoc anno Procuratorem age-
ret , alter anno proximè futuro : fi verò acquiefcere renueret ; Univerfitatem
Patronorum adjutam confilio judicaturam & liti importunæ finem impofitu-
ram , ne ulteriùs in factiones Natio difcedat. Et ita ab Ampliffimo Rectore
conclufum extitit.

Die Jovis 29 Oct. Juxtà conclufionem præcedentem convenerunt in ma-
thurinenfi Ampliffimus D. Rector , DD. Procuratores quatuor Nationum,
Magifter Petrus de Lenglet , Syndicus Univerfitatis , D Marefchaux Patro-
nus ejufdem apud Senatum Parifienfem , & Univerfa Natio Picardica. Ad
quam D. Rector, affidentibus pro more hinc & indè quatuor Procuratoribus,
verba fecit. . . . . . . Nimirum jus Procuratorum , ab eâ nominatorum ,
poft varias deliberationes diverfis in Comitiis habitas multiplicefque confulta-
tiones , adeò incertum adhuc vifum fuiffe, tamque periculofis, imò & puden-
dis circumftantiis infignitum , ut non alia convenientior ratio apparuerit expe-
diendi negotii ad honorem Nationis & pacem Contendentium , quàm fi alter-

naæ

næ vices in gestione Munerum & Officiorum inter Regentes & non-Regentes constituantur ; sic enim non modò præsenti diffidio , sed similibus etiam , si quæ olim contigerint , provisum iri. Id verò eò facilius esse factu , quòd ipsa Natio jam pluriès in eam rem convenerat & propè concluserat , ut se accepisse dixit à plurimis ejusdem Nationis suppositis , à quibus & rogatus sit eam viam proponere.

Audito in hanc rem D. Mareschaux, Patrono Universitatis, prædicta Natio secessit ad deliberandum : & re in utramque partem diù multùmque agitatâ, retulit per M. Philippum Mathon, Ex-Procuratorem, se non fuisse omninò concordem : nimirùm consentire quidem non-Regentes uti hâc lege alternatio Munerum stabiliatur, ut uno anno Regentes obeant, duobus verò consequentibus non-Regentes , utpotè longè numero superiores : Regentes verò hanc legem omninò rejecisse , simplicemque alternationem postulare, quemadmodùm ex Senatusconsultis plurimis in Natione Gallicanâ solet inter Regentes & Baccalaureos observari. Et cùm nonnulli aliam alternorum Munerum rationem proposuissent , nimirùm ut in illorum gestione non-Regentes Regentibus succederent , relictâ Nationi libertate illorum tertio anno concedendorum quibus voluerit , iterùm remissa Natio ad deliberandum.

Sed cùm neque ista via omnibus probata fuisset ; quippè sic futurum erat , ut sublatus per biennium ambitus , tertio quoque anno reduceretur : neque aliæ plures viæ , à pluribus propositæ , placerent ; tandem AMPLISSIMUS D. RECTOR , habito cum DD. Procuratoribus & D. Mareschaux consilio , de eorum sententiâ edixit, Præclaram Artium Facultatem, Pacis & Concordiæ amantissimam , ad tollendum deinceps omnis ejusmodi diffidii seminarium , ita sentire & *judicare*, ut in obeundis Nationis Muneribus & Officiis alternatio constituatur inter Regentes & non-Regentes , ut fit in Natione Gallicanâ , utque hoc anno Magister Franciscus le Maire Regentium vices ordiatur , anno verò proximè futuro prædictus Ricard in eodem Procuratorio Munere succedens , non-Regentium vices constituere incipiat. Ad cujus Conclusionis & *Sententiæ* executionem , prædictum le Maire remisit ad præstandum apud Nationem suam solitum juramentum.

Quo peracto , reversus prædictus Ex-Procurator ad Tribunal Amplissimi D. Rectoris retulit se Conclusionem & Sententiam *præclaræ Artium Facultatis* Nationis suæ significasse & exposuisse , prædictumque le Maire , nemine reclamante , juramentum more solito præstitisse.

Et ita amicè & pacificè discessum. *Registres de l'Université.*

Le 24 Juillet 1666 , au Tribunal du Recteur & Députés de l'Université. Contestation pour le Décanat de la Tribu de Paris entre les Sieurs Laurent Couvay , Régent , plus ancien Maître-ès-Arts , d'une part ; & Jacques Pigis , aussi Régent , moins ancien Maître-ès-Arts , mais plus ancien immatriculé , d'autre. *Auditis exceptionibus, responsis, replicationibus Partium ; audito quoque Procuratore Fisci : omnibus tandem debitè & maturè, ut paret , examinatis & consideratis , Universitas suffragantibus superiorum Facultatum Decanis & quatuor Nationum Procuratoribus , pronuntiante Rectore , M. Jacobo Pigis tanquam antiquissimo Artium Doctori, seu Regenti , & antiquiùs cooptato , prædictæ Tribûs Parisiensis in Natione Gallicanâ Decanatum adjudicavit & adjudicat, jussitque & jubet hanc Sententiam proximis ejusdem Nationis Comitiis publicè legi, fastisque Procuratoriis & Censoriis inseri , ut , si quæ olim similis controversia suborta fuerit , habeat Natio commodè , quid super eâ re Universitati visum fuerit.* Registres de l'Université.

Die 5 Maii 1668 , habitis in Regiâ Navarrâ Comitiis Deputatorum Universitatis , quibus eorum nemo defuit , expositum est. . . . .

Dissolutis hisce Comitiis , privata habuit D. Rector cum Ornatissimis DD. Procuratoribus , exposuitque , porrectum sibi libellum supplicem à M. Abrahamo Marlier , Gymnasiarchâ Montano , in Procuratorem Nationis Picardicæ juxtà Senatûs Decretum à selectis Triumviris Academicis nominato, conquerente , quòd die Lunæ ultimâ Aprilis habitis à M. Antonio Dargnies, Procuratore decessore , prædictæ Picardicæ Nationis Comitiis in Scholis more

D

folito , obfiftentibus nonnullis & vociferantibus, difturbata fuiffent Comitia , nec ad Sacramentum præftandum fuiffet admiffus ; . . . . . ac proindè poftulante , uti de mandato & juffu Ampliffimi D. Rectoris iterùm vocetur prædicta Natio Picardica caufam dictura iftius moræ & tergiverfationis ; eàque præfente , fi renuerit , aut caufam legitimam non protulerit , vel ipfius Procurator prædictus Dargnies non obtemperaverit , ab ipfo D. Rectore, *prout fieri aliàs in fimilibus confuevit* , ad Sacramentum admittatur. MONUIT itaque Ampliffimus D. Rector Ornatiffimos DD. Procuratores , ut die Lunæ 7 Maii adfint apud Mathurinenfes , horâ feptimâ matutinâ , controverfiam iftam , præfente , aut vocatâ legitimè Natione Picardiæ , *fecum examinaturi & dijudicaturi.*

Die 7 menfis ejufdem & anni habita funt Comitia apud Mathurinenfes , horâ fefqui-feptimâ matutinâ , quibus ex mandato Ampliffimi D. Rectoris interfuerunt Ornatiffimi DD. Procuratores Nationum Franciæ , Normaniæ & Germaniæ. Item Decani & Tribules Fideliffimæ Nationis Picardicæ ; M. Petrus de Lenglet & ego Scriba.

Poftquam confeffum eft , expofuit D. Rector caufam congregationis. . .

. . . .
Jam verò fe non putare , fore quemquam , qui velit aut audeat Senatûs autoritati & Triumvirorum Sententiæ fecundum illam latæ refragari ; ac proinde nihil effe moræ videri , quominùs prædictus D. Marlier ad Sacramentum folitum admittatur , abfente licet fuprà dicto M. Antonio Dargnies (Ex-Procuratore,) à fe nempè per fchedam legitimè , ut moris eft , evocato.

Quibus expofitis , defignationemque prædicti Marlier in Procuratorem approbantibus & confirmantibus Magiftris Nicolao Tavernier , Decano Tribûs Belvacenfis ; Francifco Goffe , Noviomenfis ; Nicolao Marguerye , Ambianenfis pro-Decano ; Stephano Simon , Baccalaureo Theologo ; Jacobo Leullier , Baccalaureo item Theologo ; denique , ne uno quidem reclamante , prædictus M. Abrahamus Marlier apud ampliffimum D. Rectorem juramentum præftitit. *Regiftres de l Univerfité.*

Die Sabbati 23 Junii 1668 habita funt Comitia Rectoria horâ decimâ matutinâ , prout fieri confuevit , apud Mathurinenfes. . . . .

. . . .
2°. Joannes Sleyne Hybernus dixit matutinis Comitiis in Natione Germanicâ , nominatum præ fe pluralitate vocum M. Eduardum Omoloy è Tribu Infularium in Intrantem, contendentibus quoque è Tribu continentium Magiftris vices fuas effe , & fecundùm eas nominationem Electoris , feu Intrantis , ad Electionem futuri Rectoris ad fe pertinere.

3°. Acceffit M. Henricus Felix , Baccalaureus Theologus, Capituli Regii Vincennarum Thefaurarius , petiitque dari fibi à Scribâ Univerfitatis actum interceffionis , ne Decretum quoddam Senatûs de Electione Intrantium fibi confociifque Baccalaureis nocumento fit.

De quibus Capitibus Ampliffimus Dominus Rector, audito priùs Syndico , remifit Nationes ad deliberandum. Juffit tamen prius legi Senatus-Confultum die 6 Junii latum , quod eft ejufmodi.

Extrait des Regiftres de Parlement.

ENTRE le Recteur de l'Univerfité de Paris, Demandeur en Requête du premier Juin préfent mois, à ce qu'il foit ordonné , en tout cas par manière de provifion , en attendant la Réformation Générale de ladite Univerfité, que l'Arrêt de la Cour donné fur les conclufions du Procureur Général du Roy, le 15 Mars dernier , & l'avis donné en conféquence dudit Arrêt, par M. Jacques Pigis, Doyen de la Nation de France, & ancien Profeffeur de Philofophie au College de Navarre ; Jean Mercier , Principal du College de la Marche, & Jean Herfant, Principal du College des Graffins, feront exécutés felon leur forme & teneur. Et conformément audit avis, que les Arrêts, Réglemens & Ufages qui s'obfervent avec fuccès dans la Nation de France au fait de l'alternative d'entre les Régens & non-Régens, & la manière de procéder à l'élection de toutes les charges de ladite Nation de France ;

feront auffi obfervés & gardés pour le même fait, dans l'élection de toutes les charges de la Nation de Picardie. Et en outre, que pour remédier aux défordres qui arrivent aux élections du Recteur, l'élection des Intrans fe fera par les Procureurs en charge, Doyens des Tribus, anciens Recteurs & Procureurs, Principaux des Colleges de plein & entier exercice, avec les Licenciés en Théologie & Médecine, les Régens de quatre années de Régence, & les anciens Maîtres-ès-Arts de fept années de réception dans ladite Nation, finies & accomplies, fans qu'aucuns puiffent être Intrans, qu'ils n'ayent quelques unes defdites qualités; & que ledit Réglement fera déclaré commun avec toutes les autres Nations, & exécuté nonobftant oppofitions ou appellations quelconques, & fans préjudice d'icelles, d'une part. Et les Procureurs des Nations de la Faculté des Arts, Défendeurs, d'autre. Et encore entre M. Pierre Jandel, Procureur de la Nation d'Allemagne, fondée en ladite Univerfité, tant pour lui que pour les autres Suppôts de la Tribu des Continens de ladite Nation, Demandeur en Requête du deux dudit préfent mois de Juin, à ce qu'en interprêtant & explicant ledit avis, il fût ordonné que lefdits Procureur & Suppôts de ladite Tribu, feront maintenus & gardés au droit & en la poffeffion en laquelle ils font de donner feuls leurs voix délibératives dans l'élection defdits Intrans, & en cas de conteftation, condamner ceux qui la formeront en tous les dépens, dommages & intérêts, d'une autre part : & le Recteur de ladite Univerfité, Defendeur & Demandeur, fans que les qualités puiffent préjudicier.

Après que le Verrier, Avocat du Recteur de l'Univerfité de Paris, & l'Evêque, Avocat dudit Jandel, font demeurés d'accord de l'appointement arrêté au Parquet des Gens du Roy; Oüi Talon pour le Procureur Général, & après que Talvas, Huiffier, a rapporté avoir appellé les Procureurs defdites Nations de France, Picardie & Normandie; LA COUR ordonne que l'appointement fera reçu; & faifant droit fur lefdites Requêtes, ordonne, que l'Avis du quatre May dernier fera homologué : Ce faifant, les Statuts, Réglemens, Arrêts, & Ufages qui s'obfervent en la Nation de France au fait de l'alternative entre les Régens & non-Régens, & la maniere de procéder à l'élection de toutes les Charges de ladite Nation, feront gardés & obfervés pour le même fait dans l'élection de toutes les Charges de ladite Nation de Picardie : Que l'élection des Intrans pour la nomination du Recteur fe fera par les Procureurs en Charge, les Doyens des Tribus, anciens Recteurs & Procureurs, Principaux des Colléges de plein & entier exercice, avec les Licenciés en Théologie & Médecine, les Régens de quatre années de Régence, & les anciens Maîtres - ès - Arts de fept ans de reception dans ladite Nation finis & accomplis, fans qu'aucun autre que de ladite qualité puiffe être Intrant : Ce qui fera pareillement obfervé dans les autres Nations, fauf à elles d'obferver le tour de leurs Tribus, ainfi qu'elles ont accoûtumé. Enjoint aux Recteur de l'Univerfité & Procureurs des quatre Nations, de tenir la main à l'exécution du préfent Arrêt, & aux Officiers & Suppôts defdites Nations, en cas de Conteftation, de fe pourvoir pardevant lefdits Recteur & Procureurs, lefquels en confereront avec les Anciens defdites Nations, pour enfuite être par lefdits Recteur & Procureurs fait droit ainfi que de raifon. Fait défenfes à tous les Suppôts de ladite Univerfité de fe pourvoir ou faire pourfuite ailleurs pour raifon de ce que deffus, à peine de privation de tous Droits, Prérogatives & Suffrages dans lefdites Nations; & ce qui fera par eux fait & ordonné pour raifon de ce que deffus, circonftances & dépendances, fera exécuté, nonobftant oppofition ou appellation quelconques, & fans préjudice d'icelles. Déclaré l'Arrêt commun avec les défaillans. FAIT en Parlement le 6 Juin 1668.

Juxtà ergò Sanctionem Senatûs D. Rector vocatis Dominis Procuratoribus & Antiquioribus fingularum Nationum, ... ingreffus eft in Sacellum interius Ædis Mathurinenfium, ibique, Syndico & Scribâ præfentibus, repetiit quâ in re fita effet contentio & difcordia matutinis horis orta inter electos Intrantes è Tribubus Infularium & Continentium.

Tum audito iterùm Syndico, unanimi omnium suffragio rejeétus eft Eduardus Omoloy. . . . . & M. Joannes Sleine confirmatus eft in Intrantem, feu Eleétorem. Atque ità à D. Reétore conclufum.

Quo præftito, reditum eft in Comitium & fingulæ Nationes in locis confuetis habitâ longâ deliberatione de rebus pofitis in medium, ità per fuos Procuratores retulerunt . . . .
. . . .
De tertio Capite; nempè de interceffione M. Henrici Felix, Baccalaurei Theologi, nihil quidquam à DD. Procuratoribus relatum, fed hoc folummodò generatim probari & confirmari quæcumque gefta funt ab Ampliffimo D. Reétore in fuo Magiftratu eique litteras decerni commendatitias verbis quam fieri poteft honorificentiffimis. In eaque verba à Domino Reétore conclufum.

His aétis, prædiéti Intrantes quatuor, præftito juramento confueto, ingreffi conclave, ...
redierunt poftmodum in Comitium, & per M. Francifcum Bonnyaud, Ampliffimo D. Reétori fafces Reétorios prorogarunt. Quæ prorogatio concinentibus omnium bonorum votis comprobata eft & confirmata. Atque ita in fuas Ædes Navarricas magno Comitatu frequentique reduétus eft.
Regiftres de l'Univerfité.

Procès entre trois Contendans, pour le Décanat de la Tribu de Bourges, jugé au Tribunal du Reéteur & Procureurs.

Die 24 Aug. 1668, convenerunt apud Ampl. D. Reétorem Ornatiffimi DD. Procuratores quatuor Nationum cum Syndico & Scribâ. Et poftquam vocati funt fupplices, M. Francifcus Bonenfant dixit, litem fibi quondam fuiffe intentatam à M. Ludovico Bonnyaud; rem verò ad Tribunal Reétorium remiffam contradiétorio, ut vocant, Curiæ Decreto. Itaque fe & ipfi Bonnyaud & Gely & aliis antiquioribus Baccalaureis diem dixiffe apud Ampliffimum D. Reétorem, ut, fi velint, de Decanatu Tribûs Bituricenfis in Natione Gallicanâ decertaturi fecum congrediantur.

Auditus ipfe Bonenfant; auditus & Gely, Baccalaureus-Theologus, qui dixit, fe nomine Magiftri in Artibus antiquioris, Decanatum prædiétum petere, eumque fibi deberi hoc folo nomine, quod fit antiquior Magifter in Artibus; neminem quippe fecum de antiquitate poffe contendere. Bonnyaud vadimonio defuit.

Priufquàm verò de eâ lite cognofceretur, admonuit Ampliffimus D Rector fibi fignificatum nomine prædiéti Bonnyaud, ut abftineret à Judicio litis, feque eum nolle judicem, quòd ante conteftationem Arbitrum fe præftitiffet
. . . . fubjecit & ipfos Procuratores Regentes ab ipfo Bonnyaud rejici judices.

PLACUIT, caufarum iftarum recufationis difceptationem ad diem ufque Mercurii remittere.

Suite.

Die Mercurii 29 Augufti convenerunt apud Ampliffimum D. Reétorem Ornatiffimi Procuratores quatuor Nationum, cum Syndico & Scribâ . . . . De conftituendo Judice litis inter MM. Bonenfant, Gely & Bonnyaud, in Curiâ Reétoriâ pendentis. Quam in rem dixit D. Reétor fuo nomine confultum D. Marefchaux, Academiæ Patronum: illum verò refpondiffe, quoad DD. Procuratores etiam Regentes eadem rejeétionis, feu recufationis, capita ab ipfo Bonnyaud apud Senatum propofita, & tamen, eorum habitâ ratione nullâ, juxtà Conclufiones Domini Talon, caufam remiffam ad Tribunal Reétorium ipfiufque Confilium. Quoad fe verò, paulò plus effe difficultatis, eò quòd Arbiter jam ante fuiffet ab ipfis Partibus deleétus & conftitutus. . . . Id fe totum DD. Procuratorum, tam Regentium, quam non-Regentium, prudentiæ relinquere dijudicandum. Et his diétis, è Tribunali egreffus fecit judicandi poteftatem.

Itaque, re iterùm per Procuratorem Nationis Gallicanæ propofitâ, audito Procuratore Fifci, & omnibus maturè & circumfpeétè confideratis; *Diétum eft*, nullâ habitâ recufationis ratione, nec obftantibus rationibus ab ipfo Bonnyaud in libello fupplice expofitis, utpotè frivolis & parvi momenti, D. Reétorem fore Judicem.

Et proinde revocatus rogatufque Judicium accipere, accepit quanquam
ægrè

ægrè, accepit tàmen, seque cum DD. Procuratoribus rèm, quam diligentèr fieri poterit, discussurum pollicitus est.

Quòd eodem anno (1668) die 4 Octobris, in Comitiis Deputatorum Facultatis Artium apud Regiam Navarram habitis, quibus cum Amplissimo Rectore interfuerunt Ornatissimi Procuratores quatuor Nationum : M. Petrus de Lenglet Syndicus, Universitatis, retulit & exposuit momenta litis de Decanatu Tribûs Bituricensis in Natione Gallicanâ inter Clarissimos Viros MM. Antonium Bonenfant, Regentem in Cardinalitio, Antonium Gely & Franciscum Bonnyaud Baccalaureos Theologos non-Regentes. . . . .

His auditis & fusè expositis, PLACUIT Amplissimo Domino Rectori & Ornatissimis Procuratoribus ex inspectione & diligenti examinatione Tabularum & Actorum litem dirimere.

Visis itaque Senatusconsulto die 26 Julii 1668 lato, quo lis ad Tribunal Rectorium remissa est : Decreto 29 Augusti novissimè elapsi, quo contra recusationem rejectionemque Judicum à prædicto Bonnyaud factam asserta est Tribunalis autoritas : pluribus actis & instrumentis, ex quibus constat, diem fuisse dictam ad idem Tribunal prædictis Gely & Bonnyaud : Instrumentis & Tabulis tam ab ipso Gely quàm à Bonenfant productis, iisdemque examinatis: item Statuto Nationis Gallicanæ, art. 1. cap. 6. contento : Statuto Facultatis Artium, die 6 Martii 1524, autoritate Senatûs confirmato : Senatus-consultis 16 Julii 1536, & ultimâ Maii 1578 : pluribus actis & conclusionibus Nationis Gallicanæ ; omnibusque accuratè & ad amussim perpensis & examinatis, sententiæ dictæ sunt in hunc modum unanimiter : Quòd Franciscus Bonnyaud vadimonium non adierit iteratò vocatus, eremodicii pœnâ mulctandum, quòd verò M. Antonius Bonenfant ab anno 1664 rexerit in Artibus, regatque etiamnum in Collegio celebri, neuter verò Contendentium regat aut rexerit unquam, eum causâ meliorem superioremque videri. Atque ita secundùm istas DD. Procuratorum sententias Amplissimus D. Rector M. Antonium Bonenfant Tribûs Bituricensis Decanum appellavit, Bonnyaud verò eremodicii pœnâ damnavit. *Regiftres de l'Université.*

Le 2 Juillet 1670, Tribunal du Recteur & Procureurs. Plainte des Maîtres du Diocèse de Rouen, de ce que dans l'élection des Examinateurs faite cette année par la Nation de Normandie, aucun d'entre eux n'avoit été choisi, quoique le Sieur Susanne se fût présenté ; & qu'il fût d'usage, & même de droit, que le premier & le Président de l'examen fût toujours un Roüennois. Réponse du Procureur de ladite Nation, assigné pour ce au Tribunal. *Auditis Partibus, earumque momentis & rationibus maturo judicio examinatis, PLACUIT unanimiter, ut proximis Nationis prædictæ Comitiis, quæ die Sabbati 5 Julii habebuntur, admittatur prædictus Susanne ad juramentum, quod præstare solent Examinatores Candidatorum Baccalaureatûs, pro jure Metropolitani, seu Diœcesis Rotomagensis. Sin minùs, ab Amplissimo D. Rectore, eâdem die post meridiem, præsentibus Ornatissimis Procuratoribus, ad juramentum admittatur. Et ita ab Amplissimo Rectore conclusum fuit.* Regiftres de l'Université.

Die 3 Aprilis 1675, habita sunt Comitia extraordinaria Selectorum Facultatis Artium in Regiâ Navarrâ.

M. Petrus Verrier, Honorandæ Nationis Procurator, questus est aditum fuisse Tribunal Rectorium ob eam rem quæ ad se pertinebat de jure. . . . . . Legit conclusionem à Natione Gallicanâ latam die 14 mensis Martii, actumque petiit sibi decerni, quo pateat à se lectam fuisse, ... cujus quidem conclusionis ab ipsâ Natione latæ contextus est ejusmodi.

Conclufio Honorandæ Nationis.

ANNO 1675, die 14 mensis Martii, habitis apud Mathurinenses Honorandæ Nationis Comitiis extraordinariis horâ 7 matutinâ, quibus interfuerunt DD. Regentes & Baccalaurei magno numero, exposuit Ornatissimus Procurator causam congregationis, nimirùm, cùm die 2 hujus mensis Martii redditæ fuissent à D. du Boulay, Scribâ Universitatis eodemque Quæstore,

Suite.

1670.
Sentence du Tribunal du Recteur & Procureurs, en faveur des Suppôts Roüennois, pour la préséance aux Examens dans la Nation de Normandie.

1675.
Conclusion de la Nation de France lûë au Tribunal du Recteur & Procureurs, & inférée dans les Regiftres de l'Université.
Dans cette Conclusion, la Nation de France reconnoît bien formellement la Jurisdiction du Tribunal du Recteur & Procureurs, pour connoître par appel des Jugemens de chacune des Nations.

feu exactore reditûs Nuntiatuum, rationes accepti & expenfi , fuiffentque illæ ab omnibus acceptæ , probatæ & laudatæ , placuiffe DD. Regentibus gratuito honorario ipfum Procuratorem & M. Rodolphum Fournier, Tribûs Remenfis Decanum, donare ob labores & operas bene multas , ut fecerunt fæpè ergà alios, fimiliter de re fuâ bene meritos. Egreffis verò poft rem peractam cæteris, feptem Magiftros è Collegiis Graffinæo & Montacutio remanfiffe, iftos nempè , Ozon , Buchet, Huré, Freteau, Lorey ,Courtillier & de Bray , aggreffofque parùm civiliter ipfum Quæftorem voluiffe cogere fibi fummam dare rationibus confcriptam abfque ullâ imminutione partis fuæ aut contributione ad honorarium prædictum conficiendum. Negante verò illo, fe poffe aliam fummam dare , quam quæ ab omnibus, non ipfifmet feptem tunc repugnantibus , præfcripta effet. Diem dixiffe apud D. Rectorem litemque intentaffe porrecto libello famofo potiùs quàm fupplice. Quâ de re cum ille admonuiffet DD. Regentes in Scholis Honorandæ Nationis die Mercurii 6 hujus menfis congregatos, unanimi omnes fententiâ, exceptis paucis illis, factum illius approbaffe & laudaffe, illiufque caufam facere fuam decreviffe. Atque eam ob rem duos è fuis Viros Clariffimos DD. Doye Artiftarum Navarricorum Primarium, & Marmelon Philofophiæ Profefforem in Cardinalitio delegaffe, qui fe fifterent apud Ampliffimum Rectorem poftularentque rem iftam ad Nationem remitti, ut fuper eâ libertate honorarii ejufmodi bene meritis de fe concedendi aut reftringenda , aut relinquenda, quod æquius ipfi videretur, decerneret. At D. Rectorem ex fententiâ Deputatorum , quos ex aliis Nationibus convocarat, caufam retinuiffe, tametfi Rectorii Tribunalis effe non poffit, priufquam à Natione fuper eâ re decretum fuerit ; cùm ex ftatutis ab antiquo obfervatis Nationibus omnibus fua competat cuique Jurifdictio primaria in fuos Nationales. Itaquè duo poftulavit : primum , ut fuper expofitis à fe de remiffione ipfius caufæ Natio deliberet : alterum, ut fi apud tres Viros Regios, qui denegatæ remiffionis caufarum funt judices, repetendam effe decernat, videat Natio an pendente illâ lite expediat viros illos feptem, qui ad fuperius Tribunal convolarunt, non aditâ priùs Matre fuâ, neque apud eam, per Cenforem fuum, expoftulatione factâ , prout ex ftatutis autoritate Curiæ confirmatis, tenentur, omnibus Comitiis abftinere , ne turbas augeant , quas excitaffe aut excitare voluiffe & velle videntur. Et fuper iis duobus capitibus dimifit Tribus ad deliberandum.

Ego verò Cenfor, pro meo Munere, Legi Statutum hactenùs obfervatum , de Jurifdictione Nationum in fuos Nationales, quod tale eft, *Unaquæque Natio , fimiliter & Facultas, in fua fuppofita de concernentibus factum Nationis, vel Facultatis , Jurifdictionem habet. Et à Nationis Sententiâ licet gravato ad Artium Facultatem appellare.* Deindè poftulavi ut juxtà illud Statutum , ad fovendam inter Nationales pacem, nemini liceat rem ullam quæ ad Nationem maximè pertineat, *ad Tribunal Rectorium, quod commune eft toti Artium Facultati, aut ad aliud quodcumque deferre, in primo caufæ congreffu, fivè in primâ, ut vocant, inftantiâ.* Qui fecùs fecerit, aut contrà Statutum fententiam dixerit, is toto femeftri non modò Nationis juribus, fed, fi Profeffor fuerit, Nuntiatuum etiàm fructibus privetur & decidat. 3°. Ut quandiù durabit diffidium, quod nunc eft multiplex inter Nationes, non patiatur Ornatiffimus Procurator quidquam ab earum Deputatis apud Ampliffimum Rectorem etiàm per appellationem dirimi ac judicari, quod ad Nationem pertineat, cum non videatur æquum effe, ut eofdem habeat Natio & Judices & Partes. Nè vero litibus noftris, fæpè frivolis, Curia vexetur, ut aliàs, rogetur Ampl. Rector advocare Patronos Univerfatis; & unà cùm ipfis rem de quâ agetur judicare, eorum fcilicet fumptibus quorum intererit.

Quibus de capitibus poftquàm fingulæ Tribus maturè deliberarunt, earum Decani alternis retulerunt, fuas Tribus poftulatis Ornatiffimi Procuratoris & Æquiffimi Cenforis fuffragari, velleque, ut caufa ifta, feu malo animo, feu fortaffis inconfultò, ad Tribunal Rectorium rectà delata, ad Nationem revocetur, imploratâ Regiorum Virorum autoritate. Omni ratione præcaveantur diffidia, paci imprimis ftudeatur, tam neceffariæ viris bonarum litterarum ftudio & profeffioni addictis. Jubeantur feptem illi Regentes à Comitiis interim abftinere, donec de eorum facto cognitum fuerit. Exemplar libelli

ab ipfis porrecti tranfcribatur, ut videat Natio quid injuriarum in eo contineatur, & omnia componat amicè, fi fieri poteft. Nemo, rem ullam, quæ ad
Nationem pertineat, juxtà Statutum ab omni ævo obfervatum aliaque Statuta
deindè autoritate Senatûs firmata, aliò deferat inconfultâ aut non aditâ priùs
ipfâ. Qui fecùs fecerit, aut facienti fuffragatus fuerit, & Nationis juribus, &
Nuntiatuum fructibus toto femeftri privetur pro primâ vice. Rogetur Ampliffimus D. Rector per Ornatiffimum Procuratorem, ne rem ullam, quæ
Nationis fit, etiam per appellationem delatam, durante diffidio & fimultate
inter Nationes, cum Deputatis illarum judicet, nifi de confenfu Partium :
poffit tamen judicare cum Patronis Univerfitatis, eorum fumptibus quorum
intererit. Si fecùs factum fuerit, declaret Ornatiffimus Procurator id Nationem irritum velle & pro nihilo reputaturam. Et ita ab Ornatiffimo D. Procuratore conclufum.

His de rebus, poftquàm auditus eft Procurator Generalis....... quoad
actum quem poftulavit Procurator Honorandæ Nationis Gallicanæ, illi con-
ceffus eft quoad teftimonium lectæ publicè conclufionis; fed improbata conclufio. * Et ita conclufum.

Cui conclufioni, quoad improbationem conclufionis Gallicanæ, interceffit
Honorandæ Nationis Procurator.　*Regiftres de l'Univerfité.*

* *Nota.* Le Tribunal du Recteur peut juger en premiere inftance, & par appel. La Nation
de France prétend qu'il ne peut juger que par appel. Elle demande en outre, qu'en certains
cas on fubftitue les Avocats aux Juges qui compofent effentiellement ce Tribunal. C'eft-là ce
qui eft ici improuvé.

Die 21. Octob. 1675, habita funt Comitia Selectorum, feu Deputatorum
Facultatis Artium in Regiâ Navarrâ ad decidendam controverfiam, ortam
nuper inter Regentes & Baccalaureos Nationis Picardicæ.........

Auditis partibus, lectâ quoque conclufione prædictæ Nationis Picardicæ,
die 8. Octob. præfentis anni fcriptâ, Vifis ftatutis & Senatus-confulto 6 Junii
1668, *Audito* pariter M. Petro Danet, pro-Procuratore Generali Univerfitatiis
omnibus denique attentè & maturè confideratis quæ confiderari oportuit,
dictæ funt fententiæ in hunc modum : Servandæ pacis ergo, fervari oportere
fideliter alternas vices, in geftione munerum inter Regentes & non-Regentes;
atque adeò Electionem de Baccalaureis factum in Tribubus, in quibus, recur-
rente Regentium vice, eligi debuerant Regentes, videri ftare non poffe,
tametfi Munus Examinatorium, de quo agitur, jam aliàs gefferint. MM. Francifcum Regnault, Profefforem Montacutium, in Tribu Ambianenfi ; & Pau-
lum Mathieu, Regentem Bellovacum, in Laudunenfi, electis Baccalaureis
fubftitui debere. Eofque fubftituit Ampliffimus D. Rector, & Subftitutos pro-
nunciavit.　*Regiftres de l'Univerfité.*

1675.

Appel d'une Con-
clufion de la Na-
tion de Picardie,
au fujet de la
Charge d'Exami-
nateur, porté &
jugé au Tribunal
du Recteur & Pro-
cureurs.

Le 8 Janvier 1680 dans l'Affemblée de la Nation de France, la Tribu de
Bourges étant en tour pour donner & nommer le Quefteur, & les Régens
étant en tour pour exercer cette Charge, Jacques Durban, feul Régent dans
cette Tribu, fe préfenta pour la demander. Gilbert Ogier, Bachelier non-
Régent, fe préfenta auffi, & l'obtint. Sa nomination fut confirmée par la
Nation.

Oppofition de la part de Durban. Affignation à Durban de la part d'Ogier à
comparoître au Parlement. Affignation à Ogier de la part de Durban à comparoître au Tribunal du Recteur fon Juge naturel. Convocation du Tribunal du Recteur & des Procureurs à cet effet le 22 Janvier 1680. *Die 22 Januarii in Comitiis
horâ primâ de meridie in Choleteo habitis, quibus cum D. Rectore adfuerunt Ornatiffimi
quatuor Nationum Procuratores, lectus eft libellus fupplex M. Jacobi Durban Presbyteri,
&c.* Comparution & Requête de Durban : Déclinatoire fignifié de la part
d'Ogier non comparant, *Quibus maturè perpenfis, audito etiam de totâ re pro-Syndico, cum nihil effe vifum fit, cur Rectorium Tribunal declinetur; PLACUIT de communi
omnium Sententia, & caufam in Foro Rectorio retineri & dari etiam M. Durban
actum deferti ab adverfario vadimonii. Atque ita ab Ampliffimo Rectore conclufum eft.*

Durban ayant reconnu qu'il n'étoit point en régle, parce qu'ayant été
Examinateur cette année-là, il ne pouvoit demander aucune autre charge

1680.

Appel d'une Con-
clufion de la Na-
tion de France,
pour la Quefture,
au Tribunal du
Recteur & Pro-
cureurs.

Suite.

qu'un an après, suivant les Statuts de sa Nation, ne suivit point cette affaire, & laissa la Questure à Ogier. Aussi-tôt François Bonnyaud, Bachelier non-Régent, plus ancien qu'Ogier, s'y oppose, & la demande pour lui.

La Nation n'a point d'égard à son opposition. Il l'a porte au Parlement, où Ogier avoit déja fait un commencement de procédure contre Durban. Arrêt du Parlement du 13 Mars 1680, qui renvoye l'affaire au Tribunal du Recteur, comme en étant le Juge naturel. Assignation donnée en conséquence par Bonnyaud à Ogier pour comparoître audit Tribunal. Assignation donnée par Ogier à Bonnyaud pour comparoître devant le Lieutenant-Civil. Sentence contradictoire du Lieutenant-Civil du 28 Septembre 1680, qui renvoye l'affaire au Tribunal du Recteur, conformément à l'Arrêt du Parlement. Comparution des Parties au Tribunal du Recteur & Députés de l'Université le 9 Novembre 1680. Exposition de leurs titres & raisons. *Omnibus maturè discussis & examinatis, ita tandem de Consilii Sententiâ, VISUM EST & PLACUIT, Quæstorii Muneris in Gallicanâ Natione functionem & ejusdem jurium fruitionem prædicto Francisco Bonnyaud antiquiori Baccalaureo è Tribu Bituricensi adjudicari. Quòd autem Syndicus postulavit ut quicumque è Viris Academicis declinaverit Tribunal Amplissimi D. Rectoris, in posterum pœnis Academicis subjiciatur; Placuit id quoque fieri. Atque ita conclusum est.* Registres de l'Université.

Le 14 Décembre 1695 l'Université étant assemblée aux Mathurins pour la Procession ordinaire, le Recteur tint son Tribunal suivant la coutume. *Exposuit D. Rector præclarum Conservatoris Apostolicorum Universitatis Privilegiorum Munus jamdudum vacare per obitum Illustrissimi Viri Domini Nicolai CHOART Episcopi & Comitis Bellovacensis. Jam esse è re Academiæ ut alter in ejus locum sufficiatur. Ad id porrò Muneris assumi solere unum è tribus Episcopis non longè ab hâc Urbe remotissimis, vel Bellovacensem, vel Meldensem, vel Sylvanectensem. Quâ de re rogatis dictisque Sententiis, PLACUIT omnibus & singulis, tùm Sapientissimis Decanis, tùm Ornatissimis Procuratoribus, eo Munere donari Illustrissimum Virum D. JACOBUM-BENIGNUM BOSSUET Episcopum Meldensem, de universâ Academiâ jamdudùm optimè meritum, ejusque studiosissimum. Atque ita fuit ab Amplissimo D. Rectore conclusum.* Registres de l'Université.

Le 17 Avril 1706, au Tribunal du Recteur & Députés de l'Université. *Quòd M. Franciscus Escomel, Procurator Collegii Augustodunensis, supplicavisset in Comitiis Honorandæ Gallorum Nationis, ut cooptaretur inter Tribules dictæ Nationis, atque unanimi consensu rejectus fuisset, posteà porrecto libello supplice Amplissimo Rectori & Universitatis Deputatis, ut, nullâ habitâ ratione repulsæ, quam passus fuisset, placeret eum nihilominùs adscribi in numerum Tribulium dictæ Nationis, eâ de re visis dictæ Nationis Gallicanæ Statutis, quorum art. 4. ejus capitis, quod est de* Tribulibus, *cautum est, ne quis admittatur inter Tribules dictæ Nationis, nisi fuerit aut Gymnasiarcha aut Professor, aut Baccalaureus in superiori Facultate : VISUM EST, dictum Escomel ritè atque ordine ab honorandâ Natione rejectum fuisse, atque ita ab Amplissimo Rectore conclusum fuit.* Registres de l'Université.

Le 23 Août 1706, au Tribunal du Recteur & Députés de l'Université, *De controversiis inter Magistros d'Yvry, Gallicanæ Nationis Censorem; Gentilhomme, Quæstorem; Chalgrain Deputatum ex unâ parte : ex alterâ Magistrum Durban Tribûs Bituricensis in eâdem Natione Decanum : in quibus controversiis dictus Durban insimulabatur, 1°. Lites & Molestias dictæ Nationi plurimas exhibuisse. 2°. Non bonâ fide in rationibus suis egisse, cum Quæsturam exerceret.*

Magister d'Yvry, Censor, Nationis suæ causam egit. . . . . . . Illum ab annis tredecim, ex quo Lutetiam repetierit, non desiisse Lites & Nationi suæ & Nationis Magistratibus intentare, in quibus numquam vicerit. Quater aut quinquies dictam Nationem ab eo ad varia Tribunalia, spreto Academico Tribunali, *traductam fuisse. Eundem anno superiore* Academicâ Sententiâ *admonitum fuisse, ut modestiùs in Comitiis se gereret. Quæ omnia Censor publicis instrumentis comprobavit. Nihilominùs dictum Durban nuper Procuratori suo,* qui primus fit in Natione Magiftratus, iniquam apud pro-Prætorem Urbanum de muro quodam reficiendo litem intuliffe fub inani & falfo nomine *Deputati.* Nam fi, Deputatus effet nec ne, ageretur, *eam cognitionem primùm ad Academicum Tribunal ex Statutis pertinere ;* fed ipfum à nemine, ne à Tribu quidem fuâ, fuiffe ullatenùs Deputatum , nec quidquam plus habere in eâ re juris quàm quatuor alios dictæ Nationis Decanos , qui fateantur fe non effe in eâ parte Deputatos. Quamobrem dictus Cenfor poftulavit in dictum Durban, quòd Academicam autoritatem toties fpreverit , animadverti ; fimulque & Procuratoriæ Dignitatis & Univerfæ Nationis quieti confuli.

Poftea dictus M. Durban repofuit, fe conventurum fuiffe ad horam ac diem imperatam, fi prius errores de quibus accufabatur fibi fuiffent per Apparitorem fignificati. Fieri poffe , ut tam in impenfis quàm in acceptis rationum fuarum aliquid omififfet. Cùm omnia liberè infpexiffet , aut accepta impenfis compenfaturum, aut fi aliquid deberet foluturum. Quòd fpectaret ad crimen illud indolis litigiofæ, neminem effe fe pacis amantiorem ; fed fua cuique jura effe tuenda & confervanda. . . . .

· Auditus eft deindè Syndicus Univerfitatis qui dixit , inter Cenforem & dictum Durban hoc intereffe , quod Cenfor in fidem eorum, quæ diceret , inftrumenta publica proferret ; dictus verò Durban , quanquam admonitus die undecimâ Augufti fupradictâ à D. Rectore ut afferret , nulla afferret nec haberet. . . . .

Re miffâ in Deliberationem, rogatis dictifque Sententiis, PLACUIT unanimi confenfu Deputatis, ut tranquillitati, quâ Litterati homines indigent , confulatur, dictum Durban deinceps omni fuffragio tam activo quàm paffivo in dictâ Natione privari ; omni aditu ad Comitia, fivè generalia Academiæ, fivè privata Nationis, in perpetuum interdici. Atque ità ab Ampliffimo Rectore conclufum fuit. *Regiftres de l'Univerfité.*

Le trois Août 1709, au Tribunal du Recteur & Députés de l'Univerfité, entre le Sieur Pitet appellant d'une Conclufion de la Nation de France, du 23 Mars précédent, d'une part ; & les Sieurs Andry, Procureur, & Hochet, faifant les fonctions de Cenfeur de ladite Nation, intimés, d'autre.

Le Sieur Pitet, s'étoit préfenté à la Nation de France pour y être Immatriculé en qualité de Profeffeur, en vertu de la Nomination faite de fa perfonne à une Chaire de Philofophie au Collége des Graffins par le Sieur Caillet, lors Principal dudit Collége. Refus de la part de la Nation d'Immatriculer ledit Pitet , fous prétexte que l'état dudit Caillet, lui étoit actuellement contefté au Châtelet.

Auditis Partibus, audito pariter Magiftro Petro Billet, vices gerente Syndici, re miffâ in deliberationem, rogatis dictifque Sententiis, PLACUIT, defignationem Magiftri Pitet , in Philofophiæ Profefforem Collegii Graffinæi, factam à Magiftro Caillet die 21 Martii, ratam & validam haberi ; vetari, ne quis dictum Pitet in dicto munere interturbet. Item Supplicationem ab eodem M. Pitet factam in Natione Gallicanâ die 23 Martii, *pro Regentiâ & Scholis,* ratam declarari : cenferi illum ab eo die admiffum : juberi Nationem Gallicanam illum primo quoque die fuorum Comitiorum admittere. Atque ità ab Ampliffimo Rectore conclufum fuit. *Regiftres de l'Univerfité.*

Le quatriéme Février 1713, au Tribunal du Recteur & Députés de l'Univerfité. Conteftation pour la Charge d'Examinateur dans la Nation de France, entre le Sieur *Seigneur*, Bachelier en Théologie & Profeffeur de Philofophie au Collége du Cardinal le Moine, d'une part ; & le Sieur Guerin, Profeffeur de Rhétorique au Collége de Beauvais, d'autre.

Tous deux avoient fupplié pour la Charge d'Examinateur dans la Tribu de Tours, le 8 Janvier précédent, les Régens étant en tour ; le Sieur *Seigneur* fût élû par fa Tribu à la pluralité des fuffrages. Le Sieur Guerin appella de cette élection à la Nation de France, avant que les Doyens des Tribus fiffent leur rapport. Il foutenoit que le Sieur *Seigneur* n'étoit point en régle, en ce que les Statuts exigeoient deux années avant que de pouvoir être admis à la Charge d'Examinateur, & que ledit *Seigneur*, Immatriculé à la vérité depuis trois ans en qualité de Bachelier, n'étoit Regent que depuis environ quatre mois; qu'ayant passé dans l'ordre des Régens, son tems ne devoit se compter que du jour de son entrée dans cet Ordre.

Le Sieur *Seigneur* soutenoit au contraire, qu'à la vérité son passage dans l'ordre des Régens, l'assujettissoit à ne pouvoir demander aucune Charge de la Nation que dans l'année du tour des Régens, & fixoit son rang d'antiquité parmi eux au jour où il avoit été incorporé avec eux; mais que le Statut qui demande deux années d'Immatriculation pour pouvoir être Examinateur, demande ces deux années sans aucune distinction ni restriction. Enforte que d'un côté il avoit le tems requis par les Statuts pour être Examinateur, & que de l'autre il ne demandoit à l'être qu'en son rang, puisque de tous les Régens de sa Tribu il étoit le seul qui ne l'eut point encore été.

Les avis des Tribus furent partagés. Celle de Paris décida pour le Sieur Guerin, celle de Bourges pour le Sieur *Seigneur*, celles de France & de Reims nommerent des Députés, ausquels elles renvoyerent le jugement de cette contestation. L'avis de ces deux Tribus fit la Conclusion de la Nation.

Les Députés nommés s'assemblerent le 20 du même mois de Janvier chez le Procureur, avec les Doyens des Tribus; ils jugerent en faveur du Sieur Guerin.

C'étoit de ce Jugement, aussi bien que de la Conclusion de la Nation, que le Sieur *Seigneur* étoit appellant au Tribunal du quatriéme Février, demandant que l'élection faite de sa personne par la Tribu de Tours, fût confirmée. Les deux Contendans y firent valoir les mêmes raisons qu'ils avoient employées devant la Nation.

Auditis Partibus, lectis Statutis, lecto instrumento Electionis Magistri Seigneur à Tribu Turonensi facta die 7 Januarii, visâ Conclusione Honorandæ Nationis latâ die eodem 7 Januarii, Conclusione Deputatorum Tribuum Senonensis & Remensis latâ die 20 Januarii : audito Magistro Edmundo Pourchot, Syndico; re misâ in Deliberationem dictisque sententiis, PLACUIT *Electionem Magistri Seigneur in Examinatorem factam in Tribu Turonensi die 7 Januarii confirmari.* Registres de l'Université.

Le 5 Octobre 1719, Assemblée de l'Université aux Mathurins pour la Procession. Après les Délibérations ordinaires dans le lieu du Comice, comme on étoit prêt de partir, on remarqua deux Docteurs en Droit, non Antecesseurs, ni même Aggregés, qui étant en Robe rouge vouloient, contre l'usage, prendre rang parmi les Antecesseurs. Le Recteur assisté de son Conseil se retira *in angulo* suivant l'usage pour délibérer sur cette affaire. *Domino Rectore cum DD. Decanis Theologiæ & Medicinæ & Procuratoribus Nationum jubente, à Consilio suo destiterunt, actum solum modo suæ presentiæ & voluntatis postulantes : quem ipsis æquum visum est concedere.* Registres de l'Université.

En 1722, le Sieur Guerin Professeur de Rhétorique, au Collége de Beauvais, s'étant présenté le 16 Novembre à la Tribu de Tours dont il étoit, pour s'y faire reconnoitre Sous-Doyen, étant devenu par la mort du Sieur Hochet, le second Régent de cette Tribu, le Sieur Robin ancien Bachelier de cette même Tribu, requit ce titre pour lui-même, opposant au Sieur Guerin son état d'homme marié qu'il prétendoit être incompatible avec la qualité de Sous-Doyen. La Tribu de Tours, sans vouloir décider la question, prit le parti singulier de remettre le Sous-Decanat, pour ainsi dire, en sequestre entre les mains du dernier Maître reçu.

Le Sieur Guerin fit assigner le Sieur Robin au Tribunal du Recteur & Députés de l'Université. Tous deux y comparurent le 5 Décembre 1722. Le Sieur Guerin après avoir exposé son droit, *Petiit suppliciter, autoritate Academicâ Magistro Robin atque aliis quibuscumque à Tribu Turonensi interdici, ne quid in posterum impedimenti afferant, quominùs ipse, tanquàm Antiquissimus Artium Doctor & Regens, in prædictâ Tribu suâ gaudeat munere pro-Decani.*

Le Sieur Robin, sans entrer dans la discussion de ses Droits, demanda seulement d'être renvoyé pardevant la Tribu de Tours.

Les Sieurs *Seigneur* & *Jamoyais*, tous deux Membres de la Tribu de Tours, se présenterent & se dirent Députés de ladite Tribu, *ut peterent eam causam ad*

Tribum Turonensem remitti, salvâ appellatione ad quatuor alias Tribus Honorandæ Nationis, juxtà conclusionem latam die 27 Octobris 1713.

Magister Guerin contendit, non debere rem eam iterùm reponi judicio suorum Tribulium ; ut potè qui variis rationibus atque affectibus impulsi jam sibi fuerint apertiùs adversati, adeò ut cum de pro-Decano instituendo actum fuit, per convicia multa, clamores & vociferationes, spreto se antiquiore, partes pro-Decani detulerint, ad M. du Mesnil, in utroque Jure Licentiatum, novissimè in Nationem admissum. Et postulavit causam in Academico Tribunali retineri ac sibi jus dici.

Auditis Partibus, audito Syndico Universitatis, re missâ in Deliberationem dictisque sententiis, PLACUIT, causam retineri, juberi Actorem & Reos ad proxima Comitia redire, & momenta sui invicem juris proferre, ut, iis expensis, quod æquum videbitur, de plano decernatur.

Le 2 Janvier 1723, au Tribunal du Recteur & Députés de l'Université. Ingressi sunt MM. Guerin, Emeritus Rhetoricæ Professor in Dormano-Bellovaco ; Pierres humanarum Litterarum Professor in Grassinæo, & Denyse, Philosophiæ in Monte-Acuto.

Suite.

M. Guerin dixit, Sententiam Academici Tribunalis latam die 5 Decembris nuper elapsi à se Magistris Robin, *Seigneur*, & Jamoyais, fuisse ex formulis significatam, cum denunciatione uti adessent ad hæc Comitia ; deductoque per singula momenta jure suo, petiit se in Munere pro-Decani Tribûs Turonensis conservari, ac sub pœnis Academicis interdici, ne quisquam ausit ipsum in pro-Decani Munere perturbare.

MM. Pierres & Denyse petierunt, licere sibi ad causam Magistri Guerin accedere.

Supradicti Magistri Robin, *Seigneur* & Jamoyais non comparuerunt.

Magister Hilarius Souchet, Galliæ Procurator, dixit habere se à Natione suâ in mandatis, ut intercedat quominùs de præsenti lite apud Academicum Tribunal deliberetur, suæque intercessionis actum postulavit. Rogatus ut ejusmodi intercessionis instrumentum traderet Scribæ, respondit scriptum se non habere, sibi autem, licet verbo asseveranti, fidem non posse denegari.

Magister Guerin . . . . postulavit, dari sibi actum deserti à Magistris Robin, *Seigneur* & Jamoyais vadimonii, sibique enunciatas priùs conclusiones adjudicari.

Audito Syndico Universitatis qui dixit instrumentum sibi nomine Magistri Robin significatum fuisse ei persimile, quod fuit Magistro Guerin ejusdem nomine significatum, ac fusiùs de constanti & certâ Tribunalis Academici Jurisdictione disseruit. Lecto prædicto Magistri Robin instrumento ; lectâ iterùm Honorandæ Nationis conclusione latâ die 27 Octobris 1713, lectâ Sententiâ Tribunalis Academici latâ die 5 Decembris nuper elapsi, re missâ in Deliberationem, dictisque sententiis, PLACUIT, Magistrorum Pierres & Denyse ad causam dicti Magistri Guerin interventum admitti : nullam haberi rationem intercessionis verbo à Magistro Souchet, Galliæ Procuratore, interpositæ ; nullam penitùs haberi pariter rationem instrumenti nomine Magistri Robin Syndico denunciati ; dari Magistro Guerin actum deserti à Partibus suis vadimonii ; ideòque illum in Munere pro-Decani confirmari. Interdici ne quis illum in prædicto Munere interturbet, hodiernamque, Sententiam, salvâ nec obstante appellatione, executioni demandari. Atque ita ab Amplissimo Rectore conclusum fuit.

Le Soudécanat est adjugé au Sieur Guerin.

La Nation de France mécontente de ce que le Sieur Guerin avoit porté cette affaire en premiere instance au Tribunal du Recteur, fit contre lui deux Conclusions le 8 & le 27 du même mois de Janvier 1723. Le Sieur Guerin appella de ces deux Conclusions au Tribunal du Recteur, & y fit assigner de nouveau les Sieurs Robin & *Seigneur*, & en outre le Procureur & le Censeur de la Nation de France.

Le Recteur tint à cet effet son Tribunal avec les Députés de l'Université le 17 du mois de Février suivant. Les Sieurs Robin, *Seigneur* & Consorts ne comparurent point.

M. Franciscus Guerin quartùm stitit se, & querelis suis de ratione suæ erga se Nationis integratis, petiit actum deserti vadimonii in Partes suas, neque hâc vice comparentes, fibi decerni : Sententias ab Academico Tribunali latas diebus 5 Decembris & 2 Januarii nuper elapfi comprobari, caffa & irrita declarari quæcumque, feu fuffragiis Tribûs Turonenfis, feu variis Honorandæ Nationis conclufionibus gefta funt : confirmari fe in pro-Decanatu dictæ Tribûs Turonenfis ; ac vetari ne quis ipfum in prædicto pro-Decani Munere interturbet. . . . .

Audito Syndico, re miffâ in Deliberationem, dictifque fuffragiis, PLACUIT decerni Magiftro Guerin actum deferti à Partibus fuis vadimonii, deinde, falvo jure legitimo fingulorum Ordinum, tam Facultatum quàm Nationum, in fua Suppofita, adjudicari Magiftro Guerin fua poftulata : Sententias Tribunalis Academici latas diebus 5 Decembris & 2 Januarii nuper elapfi, quantùm opus eft, comprobari : *caffa & irrita declarari*, quæcumque contra prædictum M. Guerin feu fuffragiis fuæ Tribûs, feu Conclufionibus Honorandæ Nationis gefta fuerunt. Confirmari eundem prædictum Magiftrum Guerin in pro-Decanum Tribûs Turonenfis : vetari, ne quis ipfum in eo pro-Decani Munere interturbet ; & præfentem Sententiam, falvâ & non obftante appellatione aut interceffione, executioni demandari. Atque ita ab Ampliffimo Rectore conclufum fuit. *Regiftres de l'Univerfité.*

L'affaire fût dans la fuite portée au Parlement. Les Nations de France, Picardie & Allemagne, fe réunirent pour y attaquer la compétence & les Droits du Tribunal du Recteur, qui furent défendus par le Syndic de l'Univerfité.

Arrêt contradictoire rendu le 23 Décembre 1723, qui porte : LA COUR, fans s'arrêter aux Requêtes defdits Procureurs, Doyens & Suppôts des Nations de France, Picardie & Allemagne, des 5, 6, 20 Juillet, & 15 Décembre 1723, ayant égard à celles de François Guerin & dudit Edme Pourchot, des 30 Juin & 7 Juillet 1723, reçoit ledit Guerin Partie intervenante & Appellant tenu pour bien relevé, lui permet de faire intimer qui bon lui femblera fur ledit Appel, fur lequel les Parties auront audience au premier jour. Reçoit ledit Pourchot oppofant à l'Arrêt du 15 Juin 1723 : faifant droit fur lefdites intervention & oppofition : *Ordonne que les Sentences des 2 Janvier & 17 Février 1723, feront exécutées par provifion :* joint la Requête defdits Guillaume Ficquet, François Bidault & André Pierres du 3 Juillet audit an à la caufe d'appel, pour en jugeant y être fait droit ainfi qu'il appartiendra. *Condamne lefdits Procureurs, Doyens, & Suppôts des Nations de France, Picardie & Allemagne aux dépens envers lefdits Guerin & Pourchot,* &c. Donné à Paris en notredite Cour de Parlement, ce vingt-troifiéme jour de Décembre, l'an de grace 1723, & de notre Regne le neuviéme.

Le 24 Janvier 1724, au Tribunal du Recteur & Députés de l'Univerfité, entre le Sieur Guerin élû par la Nation de France Quefteur, & les Sieurs Robin & *Seigneur* qui le troubloient dans la joüiffance & exercice de cette charge ; ceux-ci affignés & faifant défaut, Magifter Guerin petiit fe, quantùm opus eft, in fuo munere Quæftorio confirmari : Magiftros Robin & *Seigneur* vetari, ne fe fupplicem deinceps in eodem munere perturbent ; juberi prætereà Magiftrum *Seigneur*, quæ jura Quæftoris nomine recepit à Candidatis, fibi fupplici reftituere ; utrique pœnam interdictionis, ni parcant, denuntiari, & quoniam dicti MM. Robin & *Seigneur*, quanquàm legitimè ex formulis juris ad hæc-ce comitia. . . . . . Citati, non comparebant, idem M. Guerin petiit dari fibi actum deferti vadimonii. . . . .

. . . .

Audito Magiftro Antonio le Vaffeur, pro-Syndico, Rector Ampliffimus eam rem ad deliberandum propofuit.

Dictis fententiis, PLACUIT, dari Magiftro Guerin actum deferti à Partibus fuis vadimonii, atque in proventum adjudicari ipfi fua poftulata. Et fic fuit ab Ampliffimo Rectore Conclufum. *Regiftres de l'Univerfité.*

Le 9 Novembre 1726, au Tribunal du Recteur & Députés de l'Univerfité. Conteftation entre les Sieurs Andry & Geoffroy, pour le Decanat de la Faculté de Médecine.

Le

Le Sieur Geoffroy demandoit d'être reconnu pour Doyen, ayant été élû par sa Compagnie. Le Sieur Andry qui sortoit de Charge, prétendoit que cette élection étoit irréguliere, & vouloit en conséquence continuer d'exercer le Decanat, jusqu'à ce qu'on eût fait une autre élection.

Partibus auditis, lecto perpensoque Statutorum Medicæ Facultatis Articulo sexagesimo; audito M. Edmundo Pourchot, Syndico Universitatis, re propositâ ad Deliberandum, dictisque sententiis, PLACUIT *, declarari Magistrum Geoffroy ritè & legitimè electum fuisse in Decanum Saluberrimæ Facultatis.* Regiftres de l'Université.

Tribunal du Recteur & Députez de l'Université.

Au mois de Mars 1730, le Sieur Euftache Chevalier, Maître - ès - Arts, ayant étudié trois ans en Théologie, & pris des dégrès en Droit par bénéfice d'âge, supplia dans la Nation de Normandie pour y être Immatriculé, & il fut refusé. Il appella de la Conclusion de la Nation au Tribunal du Recteur, & il y fit assigner tant le Procureur de ladite Nation que la Nation elle-même, pour voir dire, qu'elle seroit tenue de l'Immatriculer, ou d'apporter des raisons pertinentes de son refus.

Le Recteur tint son Tribunal ordinaire avec les Députés de l'Université le premier Avril 1730; Chevalier y comparut & y exposa ses prétentions & ses demandes. Le Procureur de Normandie, parlant au nom de sa Nation, voulut décliner la Jurisdiction du Tribunal du Recteur comme incompetent.

Audito Syndico, re missâ in Deliberationem, PLACUIT, *Tribunal Academicum Forum esse justum & legitimum, in quo res hujuscemodi disceptaretur. Itaque Amplissimus Rector, rem, de quâ tunc agebatur, esse de Jurisdictione Tribunalis Academici, tanquàm Fori justi ac legitimi, conclusit.*

Le Procureur de Normandie défendit donc à la Requête & aux Moyens de l'Appellant, & justifia la Conclusion de sa Nation.

1730. Appel d'une Conclusion de la Nation de Normandie, par un Candidat qu'elle avoit refusé d'immatriculer, poté au Tribunal du Recteur & Députez de l'Université.

Auditis Partibus & egressis, viso Libello Supplice à M. Eustachio Chevalier, Amplissimo Rectori oblato, & juridicè significato quibus debuit significari; visâ Conclusione Venerandæ Nationis latâ prid. Kal. Jan. 1672; Visis itidem tribus Decretis præclaræ Facultatis Artium, latis 20 & 27 Octobris & 15 Decembris 1674; audito Syndico, & re per Amplissimum Rectorem in Deliberationem missâ. . . . . . . Rector Amplissimus, collectis singulorum sententiis, pronuntiavit Venerandam Nationem pro suo jure egisse, cùm dictum M. Eustachium Chevalier, Magistrum in Artibus, à suo gremio repulit, licet ille, confecto triennio in Studio Sacræ Theologiæ, Gradum Licentiatûs in utroque Jure, privilegio ætatis, consecutus sit; ac consequenter dictum actorem actione submoveri conclusit. Regiftres de l'Université.

La Conclusion de la Nation de Normandie est confirmée.

Anno 1734, die secundâ Octobris habita sunt Comitia Deputatorum Præclaræ Artium Facultatis, in quibus adfuit ipse Amplissimus Rector & Ornatissimi Nationum Procuratores, cùm Universitatis pro-Syndico & Quæstore Generali.

Ingressus est unus ex Administratoribus Sodalitii Divi Caroli Magni Dominus Levé, qui obtulit & commendavit Universitati hominem à Magnorum Universitatis Nuntiorum conventu nuper electum in prædicti Sodalitii, quem vocant, Clericum, *Joannem Basset, in locum Henrici le Clerc nuper demortui. Cujus ut electionis fidem faceret, exhibuit actum seu instrumentum, ab ipso eligentium conventu subsignatum; rogavitque sui Sodalitii nomine, ut vellet Universitas pro benignitate suâ Munus & Officium* Præconis Academici *cùm Privilegiorum Academicorum litteris præfato Basset de more conferre.*

Cùm autem prædicti Sodalitii Syndicus D. Michel, aliquot antè diebus, nonnihil querelarum in eam Electionem privatim apud Amplissimum Rectorem fecisset, tuncque absens audiri non posset, ne quid inconsideranter faceret Universitas, re ad Deliberandum propositâ, & audito pro-Syndico M. Leonorio Caron, PLACUIT, *Munus & Officium Præconis Academici nunc provisionaliter tantum, quod aiunt, dicto Basset conferri; vocari autem ad proxima Comitia prædictos tùm Administratores, tùm Syndicum, ut his auditis, quod æquum fuerit, statuatur. Et ità conclusit Amplissimus Rector.*

1734. Plusieurs Jugemens du Tribunal du Recteur & Procureurs des Nations, concernant les Messagers.

G

Die 6 Novembris 1734, Ampliſſimus Rector & Ornatiſſimi Nationum Procuratores cum Univerſitatis pro-Syndico, Scribâ, & Quæſtore Generali, habuerunt Comitia, quæ Præclaræ Artium Facultatis propria ſunt & peculiaria.

In his Comitiis, auditi ſunt Adminiſtratores aliique Deputati Magnorum Univerſitatis Nuntiorum, qui, gratiis Univerſitati actis, quòd ſuperioribus in Comitiis Munus & Officium Præconis Academici proviſionaliter collatum eſſet Joanni Baſſet, à ſe non ita pridem commendato, petierunt, ut idem Officium prædicto Baſſet cum Privilegiorum Academicorum litteris plenè nunc & integrè conferretur, & ipſe admitteretur ad Sacramentum.

Auditus quoque eſt dictorum Nuntiorum Syndicus Dominus Michel, qui conqueſtus eſt quòd quidquid dicti Nuntii in gratiam prædicti Baſſet fecerint, id fecerint in congregatione à ſe, Syndico, non convocatâ. Nonnulla etiam, ſed generatim, addidit de ipſo homine, quaſi eâ conditione eſſet, quæ Præconem Academicum parùm deceret. Contrà, prædicti Adminiſtratores contenderunt ſuum eſſe convocandi jus, non Syndici, & in homine à ſe oblato & commendato nihil eſſe, quod Univerſitatis moribus & dignitati repugnaret. Cùm autem controverſia illa de convocandi jure non ſatis commodè poſſet his in Comitiis dirimi, audito pro-Syndico Univerſitatis M. Leonorio Caron, re ad deliberandum propoſitâ, Cenſuerunt Deputati, pacis & concordiæ cauſâ, & ut omnis tolleretur querelæ locus, ſalvis omnium Partium juribus, primo quoque die ab Antiquiore hâc vice tantùm & ſine præjudicio convocandum & eſſe habendum prædicti Nuntiorum Academicorum ſodalitii conventum, qui conventus ſi Univerſitati offerat & commendet hominem, qui conditiones requiſitas habeat, ... tunc habituram Univerſitatem ejuſmodi commendationis rationem, eique homini Munus & Officium Præconis Academici cum Privilegiorum Academicorum Litteris conceſſuram, omnibus interim in ſtatu remanentibus. Et ita concluſit Ampliſſimus Rector.

Die 4 Decembris 1734, ſolutis Comitiis Deputatorum Univerſitatis; habita ſunt Comitia Deputatorum Præclaræ Artium Facultatis.

Stiterunt ſe Adminiſtratores Nuntiorum Univerſitatis, & dixerunt ſe, ut obtemperarent Decreto Tribunalis Præclaræ Artium Facultatis, conventum habuiſſe, & in eo conventu omnium votis expetitum fuiſſe in Clericum ſodalitii D. Caroli Magni Joannem Baſſet, Virum probum & diligentem, quem ideò Univerſitati totius ſodalitii nomine commendent, quia illum conditiones & qualitates habere cognoſcant ab Univerſitate requiri conſuetas: ſimulque exhibuerunt actum ab omni conventu obſignatum, fidem horum-ce facientem.

Audito pro-Syndico M. Leonorio Caron, re ad deliberandum propoſitâ, PLACUIT, haberi rationem ejuſmodi commendationis, & conſequenter Munus & Officium Clerici Nuntiorum Univerſitatis & Præconis Academici, concedi Joanni Baſſet, eumque admitti ad Sacramentum, & Litteris Academicis donari. Et ita concluſit Ampliſſimus Rector.   *Regiſtres de l'Univerſité.*

Anno 1740, die 7 menſis Maii, ſolutis Comitiis Deputatorum Univerſitatis communibus, reſedit Ampliſſimus Rector ad habenda Comitia Deputatorum Præclaræ Artium Facultatis propria.

Supplicavit extrà ordinem & legitimâ neceſſitatis cauſâ Jacobus Guillot Bajocæus, ut ne ſibi noceat ad adipiſcendum Magiſterium, quod in altero Logicorum Catalogo, apud Univerſitatis Scribam depoſito, nomen ſuum non reperiatur, cùm in Catalogis ejuſdem ſemeſtris apud Primarium & Profeſſorem remanentibus inſcriptum ſit; quo patet nomen ſuum in eo, in quo deeſt, per imprudentiam, non per abſentiam, fuiſſe omiſſum.

Audito M. Allaire pro-Syndico, PLACUIT indulgeri præfato Supplici; Et ita concluſit Ampliſſimus Rector.   *Regiſtres de l'Univerſité.*

Nota. On ne rapporte que cet exemple de ces ſortes de Suppliques faites au Tribunal du Recteur & Procureurs; mais il y en a un grand nombre d'autres pareilles dans tous les tems.

Quæcumque Acta & inſtrumenta in hoc faſciculo, ſeu collectione, viginti ſex paginas continente, habentur, ac nominatim quæ deſumpta ſunt è

*Tabulis, seu Regiſtris, Univerſitatis, ea omnia exſcripta ſunt, recognita &
collata per me Scribam Univerſitatis ſubſcriptum. Ita teſtor, die Jovis deci-
mâ-ſextâ menſis Julii 1744.*

N. PIAT.

OBSERVATION.

COmme les Nations de France, Picardie & Normandie, dans le
Mémoire imprimé & publié ſous leur nom, attaquent également le Tribunal du Recteur jugeant, ſoit avec les Procureurs ſeulement, ſoit avec les Doyens & Procureurs enſemble, & ſoutiennent
que dans le premier cas le Recteur & ſes Aſſeſſeurs ſont ſans carac-
tère & ſans droit, & que dans le ſecond ſa Juriſdiction ſe borne à
connoître de conteſtations legeres entre les Particuliers, & ſeulement
pour fait de la Police ordinaire des Colleges; les Actes & les Exemples,
qu'on a ramaſſés ici, ont été choiſis pour les deux cas, & prouvent
également le contraire des deux propoſitions, qu'il a plû aux Nations
d'avancer. D'ailleurs, quoique ce Recueil ait été fait à l'occaſion du
Procès actuellement pendant en la Cour, néanmoins en le faiſant, on
a eu en vûë de le rendre utile, indépendamment des circonſtances,
à tous ceux qui voudroient s'inſtruire des affaires, des Loix, des Uſages
de l'Univerſité. C'eſt ainſi que LE LIVRE-BLEU (dont ce Recueil eſt
comme la ſuite & le ſupplément) ayant été fait à l'occaſion d'un grand
Procès de l'Univerſité en 1652, eſt devenu un Livre précieux par le
nombre d'Actes authentiques dont il eſt rempli.

QUE faivant l'ufage de l'Univerfité, les Syndics feuls, ou leurs Coadjuteurs furvivanciers, & non les Vice-Syndics-Commis, font tenus de prêter ferment.

LISTE tirée des Regiftres de l'Univerfité, comprenant tous ceux qui depuis l'année 1672, jufqu'en 1739, ont, en qualité de Subftituts, fait les fonctions de Syndics, dont aucun n'a prêté ferment.

L'USAGE de l'Univerfité a toujours été, que le Syndic, lors de fon inftallation, prêtât ferment. Lorfqu'il y a eû des Vice-Syndics avec titre de furvivance, ils l'ont pareillement prêté, y étant tenus en qualité de Titulaires. Mais pour les Vice-Syndics, fimples Subftituts & par Commiffion, ils n'ont point été tenus à ce ferment, & ne l'ont point prêté en effet.

En 1672, le quinze Octobre au Tribunal du Recteur & des Procureurs, fur l'expofé qui fut fait des Troubles arrivés dans la Faculté des Arts, il fut arrêté qu'il feroit fait une Enquête juridique contre les Auteurs de ces troubles; mais le Sieur de Lenglet lors Syndic, ayant été nommé Recteur dans ce tems-là, le célébre Danet fut choifi pour faire les fonctions de Syndic en fa place. Il ne prêta point ferment.

En 1673, le vingt Juin, au Tribunal du Recteur, le Sieur de Lenglet Syndic, étant fur le point de fortir de fon cinquiéme Rectorat, *poftulavit licere fibi aliquem virum Academicum fubftituere, qui Syndici vices obeat, fi forte aut agrotare contigerit, aut ab Urbe abeffe. Ei conceffum eft, ut, more Majorum, aliquem fubftituat pro arbitrio, dummodò Academicum.* Et ità *conclufum.* On voit dans la fuite que lorfque ledit Sieur de Lenglet étoit obligé de s'abfenter de l'Affemblée, il étoit fubftitué par le Sieur François le Barbier, ancien Profeffeur de Philofophie, fans qu'on voye dans le Regiftre la moindre trace de ferment. Le Sieur le Barbier étant mort en 1678, le Sieur de Lenglet préfenta le Sieur Ozon pour faire les fonctions de Syndic en fon abfence. Point de ferment.

En 1680, le vingt Janvier, ledit Sieur de Lenglet préfenta un nouveau Subftitut : c'étoit le Sieur Mahieu, Régent de Seconde au Collége de Lizieux. Point de ferment.

En 1681, le fix Septembre, le Sieur de Lenglet demanda au Tribunal de vouloir bien accorder audit Mahieu le Syndicat en furvivance. Cela lui fut accordé; & alors ledit Mahieu prêta ferment. *M Ludovicus Mahieu coràm omnibus Sacramentum præftitit in manibus Ampliffimi Rectoris.*

Le Sieur Mahieu fit les fonctions de Syndic jufqu'en 1689, après quoi il n'eft plus parlé de lui dans les Regiftres, foit qu'il fût décédé, foit qu'il eut quitté l'Univerfité.

En 1689, le 3 Septembre, le Sieur de Lenglet préfenta, pour faire les fonctions de Syndic, le Sieur Hebert; & on l'agréa. Le Regiftre porte, *cùm defignatione futura succeffionis.* Mais il y a apparence que

H

c'eſt une inadvertence du Greffier. Car, 1°, le Sieur Hebert ne prêta point de Serment, ce qui étoit contraire à l'uſage pour les Coadjuteurs ſurvivanciers. 2°. (Ce qui eſt une preuve ſans réplique,) quoique ledit Hebert ait fait les fonctions de Vice - Syndic juſqu'au tems que de Lenglet abdiqua, il ne fit pas la moindre réclamation lors de cette abdication, quoiqu'il fût préſent au Tribunal lorſqu'on y nomma le Sieur Pourchot, lors Recteur, pour ſuccéder à de Lenglet. Au contraire, il continua pendant le reſte du Rectorat du Sieur Pourchot, à faire pour lui les fonctions de Syndic, comme il avoit fait pour le Sieur de Lenglet.

En 1694 le 2 Mars, le Sieur de Lenglet ayant abdiqué le Syndicat, cette charge fut donnée au Sieur Pourchot, qui en conſéquence prêta Serment. *D. verò Pourchot, Rector, quatenùs Syndicus, Sacramentum præſtitit in manibus D. Guichard, Theologiæ Decani.*

En 1707 le Sieur Pourchot Syndic ayant été élû Procureur de la Nation de France, le Sieur Dupuys, ancien Recteur, fut nommé pour faire les fonctions de Syndic en ſa place. Point de ſerment.

Différentes perſonnes ont fait depuis les fonctions de Syndic en qualité de Subſtituts, ſans qu'aucuns d'eux ait prêté ſerment.

Le Sieur Billet, les 5 Janvier, 6 & 27 Octobre 1714; 24 Décembre 1715; 19 & 23 May, 3 Juin 1718.

Le Sieur Dagoumer, le 28 Juin 1723.

Le Sieur Gibert, les 27 Octobre & 6 Novembre 1723.

Le Sieur le Vaſſeur, les 29 Janvier 1724; 8, 15 & 27 Octobre 1725; 11 Octobre 1726; 11 Mars & 8 Novembre 1727; 15 Mars & 1 Octobre 1729, 13 Février, 3 Avril & 3 Octobre 1731.

Le Sieur de Laval, le 27 Octobre 1727; 16 Juin, 17 Juillet & 17 Novembre 1728; 27 Octobre 1729; 6, 7, 10 Octobre, 12 & 16 Novembre 1730.

Le Sieur Beſoigne, le 24 Novembre 1727; 7 & 27 Octobre 1733; 21 Juin 1734; 27 Mars 1736; & 26 Août 1741.

Le Sieur Ingout, le 12 Décembre 1731; 10 Décembre 1732; 17 Mars, 19 Juin & 7 Octobre 1733.

Le Sieur Lallemand, le 1 Mars 1738.

Le Sieur Piat, le 23 May 1739.

De l'Imprimerie de THIBOUST, Imprimeur du ROY, Place de Cambray, 1744.